愛と奉仕に生きた聖者の教え

シヴァーナンダ・ヨーガ

SIVANANDA YOGA

成瀬　貴良　編訳
Naruse Kiyoshi

善本社

SIVANANDA YOGA

by

Svami Venkatesananda

Translated by
NARUSE Kiyoshi
First published 2001 in Japan by
Zemponsha, Inc.
This book is publishued in Japan by
direct arrangement with
The Yoga-Vedanta Forest Academy

訳者まえがき

ヨーガを学びはじめてまだ間もない一九七七年から七八年にかけて、わたくしは初めてインドに旅行し、約半年にわたって各地のアーシュラムを訪ねました。カルカッタ郊外のラーマクリシュナ・ミッションを訪ね、プーナのラージニーシのアーシュラムを見学し、ロナワラのカイヴァリヤダーマにもしばらく滞在した後、この旅の目的の一つであったシヴァーナンダ・アーシュラムがあるリシケーシに向かいました。

デリーを早朝に出発した長距離バスに揺られて数時間、樹々の合間に見え隠れしはじめたガンジス河は、ベナレスで見たときとは異なり、青く透き通っていました。

当時のシヴァーナンダ・アーシュラムにはまだ現在のような立派な宿舎や設備もなく、ガンジス河近くの宿舎ガネーシャ・クティール（クティールとは、小屋や小さな部屋のこと）の二階の部屋に滞在させてもらったことを覚えています。

アーシュラムのリセプション・オフィスで手渡された小さなスケジュール表には、一日のプログラムや食事時間、注意事項などが書かれていました。このプログラムとは別に、わたくしの場合、南アフリカ支部から来ていたスヴァーミー・シャンカラーナンダから、幸運にも個人的にいろいろなことを教えていただくことができました。夕刻、スヴァーミー・シャンカラーナンダと一緒に、野生の猿や孔雀が出没するアーシュラムの裏山を散歩したときのことが懐かしく思い出されます。

一日の最後に行なわれる夜のサット・サンガは、なんとも言い表わしようがない独特の雰囲気で、とくにキールタンとの出合いは、わたくしにとって衝撃的とさえ言えるものでした。

シヴァーナンダ・アーシュラムには年末から年始にかけて約二ヵ月ほど滞在させていただきました。その間、大晦日にはバジャン*・ホールで、幸運にもスヴァーミー・シヴァーナンダの生前の記録映画を見ることができました。

スクリーンに映し出されているスヴァーミー・シヴァーナンダは、大きなテーブルの上でタンバリンを叩きながら踊ったり、カメラに向かってウインクをしたり、兵隊の行進の真似をしたりと、たいへんユーモラスで陽気な方でした。お弟子さんたちは、その姿を見るたびに大笑いをしたり、スヴァーミー・シヴァーナンダの名前を大声で叫んだりしていました。聖者というのはもっと厳しい顔をして近寄りがたいものだと思い込んでいたわたくしにとっては、たいへんな驚きでした。

やがて、満員のバジャン・ホールの中でキールタンがはじまると突然、心の底から何か熱いものが込み上げてきて、涙があふれてきそうになりました。それは今までに経験したことのない感動でした。

後に、アーシュラムに長らく住んでいるお弟子さんの一人に話を伺うチャンスがありましたが、スヴァーミー・シヴァーナンダという方は、実際にそのスクリーンに映し出されていたとおりの方だったようです。そのお弟子さんは、スヴァーミー・シヴァーナンダのことを「太陽のような人でした」と表現され、アーシュラムにいてくださるだけでみんな明るい気持ちになることができたと、懐かしそうに語ってくださいました。

インドにはアーシュラムがたくさんありますが、その雰囲気は各アーシュラムによってまったく異なります。シヴァーナンダ・アーシュラムの明るい雰囲気や独特の優しさは、創設者シヴァーナンダによって生みだされたものだったのです。

その後、インドに行くたびにシヴァーナンダ・アーシュラムにお世話になっていますが、初めて滞在したときに経験したアーシュラムでの生活や雰囲気は、いまもって忘れられません。

スヴァーミー・シヴァーナンダという聖者を知って以来、ヨーガの仲間や友人たちをはじめ、一人でも多くの方にその存在を知っていただければと、長い間ずっと思っておりました。

そんな折、『シヴァーナンダ・ヨーガ』(SVAMI VENKATESANANDA: *SIVANANDA YOGA*, The Yoga-Vedanta Forest Academy, 1983) という本に出合い、少しずつ訳しては、勉強会で仲間と一緒に学んでいました。その訳文に手を加えたものが本書第2部の「シヴァーナンダ・ヨーガ」です。

『シヴァーナンダ・ヨーガ』は、ヨーガ・ヴェーダーンタ・フォレスト・アカデミー(Y.V.F.A.)において、スヴァーミー・ヴェーンカテーシャーナンダ(一九二一〜一九八二)が、自分のグル、スヴァーミー・シヴァーナンダ(一八八七〜一九六三)の生前の言動を語ったものです。

スヴァーミー・シヴァーナンダの生涯については、第1部「スヴァーミー・シヴァーナンダ」をお読みください。第2部の「シヴァーナンダ・ヨーガ」を読まれるうえで参考にしていただければ幸いです。

ヴェーンカテーシャーナンダはスヴァーミー・シヴァーナンダに十七年間も仕えられた方で、グルデーヴァ*がどのような生き方をされ、どのようなことを語られ、どのように弟子や信者たちを導かれたか、もっとも身近で見ていた高弟の一人です。

ヴェーンカテーシャーナンダはその後、グルの命によりオーストラリアや南アフリカに布教に行かれましたが、人となりや生涯については簡略ですが、第2部の序「スヴァーミー・ヴェーンカテーシャーナンダ」をお読みください。

『シヴァーナンダ・ヨーガ』は講演録のため、スヴァーミー・シヴァーナンダの呼び名についても、グルデーヴ、グルデーヴ・シヴァーナンダ、シヴァーナンダ・サラスヴァティー、スヴァーミージーなどと、さまざまな敬称で呼ばれていたり、重複する部分や、その時、その場にいなければどうしても理解できないような記述がいくつかありましたが、なるべく整理してわたくしなりに訳させていただきました。

また、ヨーガになじみのない方にも理解していただけるよう、本文中、専門的と思われる言葉には＊印を付しましたので、巻末の《用語解説》を参照してください。

各章の合間には、グルデーヴ・シヴァーナンダの写真と格言も掲載してあります（必ずしも本文の内容と一致したものではありません）。

目次

第2部　シヴァーナンダ・ヨーガ

第1部 スヴァーミー・シヴァーナンダ

シヴァーナンダ略年譜

年月日	年齢	事項
一八八七・九・八		クップスワミ、南インド・タミールナドゥ州に生まれる
一九〇一	一四	学校代表で役人を迎えるスピーチをする
一九〇五	一八	医科大学に入学
一九〇九	二二	雑誌『アンブロシア』を発行
一九一三	二六	マレーシアに出発
一九二三初頭	三六	出家。ベナレスへ
一九二四・五・八	三七	リシケーシに着く
		ヴィシュヴァーナンダによりサンニャーシンに
一九二四・六・一		クップスワミからスヴァーミー・シヴァーナンダに
		サティヤ・セーヴァ・アーシュラム・ディスペンサリーを開く
一九二九	四二	最初の本『プラクティス・オブ・ヨーガ1』を出版
一九三〇	四三	サマーディを体験する
		パラマーナンダが弟子になる
一九三二	四五	最初の布教の旅へ
一九三四・一・一七	四七	スヴァルガ・アーシュラムを去り、現在のアーシュラムに移る
		病院を建てる

一九三六・一・一三	四九	ディヴァイン・ライフ・トラスト創設
一九三八・九・一	五一	『ディヴァイン・ライフ・マガジン』発行
一九三九・一・二九	五二	シヴァーナンダ出版局開設
一九三九・四・一六		ディヴァイン・ライフ・ソサエティ創設
一九四〇	五三	アーシュラムを訪れる人が増える
一九四一・二・一八	五四	アーシュラムから姿を消す
一九四三・一二・三	五六	バジャン・ホール開設、「マハー・マントラ」のスタート
一九四七・九・八	六〇	ヴェーンカテーシャーナンダをサンニャーシンに
一九四八・七・一	六一	ヨーガ・ヴェーダーンタ・フォレスト・アカデミー創設
一九四九・七・一〇	六二	チダーナンダ、サッチダーナンダをサンニャーシンに
一九五〇・九・九	六四	全インド、セイロン・ツアー
一九五三	六六	世界宗教会議をアーシュラムで開催
一九六三	七六	死の予告
一九六三・六・二一		最後のサット・サンガ
一九六三・七・一四		マハー・サマーディに入る

1　誕生——聖者の生まれ変わり

誕生

十六世紀のことですが、シヴァ派にアッパヤ・ディクシタールというたいへん立派な聖者がいました。彼は高名な学者でもあり、サンスクリット語で多くのヴェーダーンタ*哲学の作品を書き残し、大勢の人たちからシヴァ神の生まれ変わりだと思われていました。

彼はかつて、ヴェーンカテーシュヴァラ神（ヴィシュヌ神の化身）が祀られている寺院に参詣しようとしたのですが、シヴァ派であることを理由に神官に参詣を禁じられるという出来事がありました。しかし、彼を一目見た別の神官が、彼こそ真の聖者であることを見抜き、参詣を許可してくれました。

次の日、寺院の神官たちがヴェーンカテーシュヴァラの神像を見ると、その神像はシヴァ・リンガ*に変わっていました。彼らは驚き、アッパヤ・ディクシタールに先日の非礼の許しを乞い、神像を元に戻してくれるようにとお願いしました。そこでアッパヤ・ディクシタールが祈りを捧げると、シヴァ・リンガは再びヴェーンカテーシュヴァラの像に戻ったということです。

このアッパヤ・ディクシタールの子孫にヴェーング・アイエルがいました。彼は妻のパールヴァティー・アンマルとタミールナドゥ州のパッダマダイという村に暮らす公務員でしたが、信心深いヒンドゥー教徒でもあり、「マハートマ*の人」として多くの人たちから尊敬されていました。

パッダマダイは、カナディアンカルと呼ばれるタンブラパルニ川の渓谷に取り囲まれた水田地帯で、マンゴーの樹々が繁るたいへん美しいところです。タンブラパルニ川は「南のガンジス」として知られています。この村はまた、良質な草の敷物が産出することや、多くの音楽家が出ていることでも有名でした。

一八八七年九月八日の日の出とともに、クップスワミ（後のシヴァーナンダ）はこの夫妻の三男としてパッダマダイ村で生まれました。

両親は生まれたばかりのクップスワミをアッパヤ・ディクシタールの生まれ変わりだと直感しました。クップスワミはそれを証明するかのように、父親が行なうプージャー*に強い関心を示し、とくにキールタン*は小さなクップスワミを魅了しました。

パッダマダイの村（撮影：鈴木美佐紀氏）

少年時代

クップスワミは幼い頃から、遊行中の聖者に施しをすることや、人に物を分け与えることに歓びを感じていました。母親からお菓子をもらったときなどは、使用人や恵まれない人たちのところへ飛んで行ってはいつも分け与えていました。カラスやスズメ、牛などの動物たちも、彼が食べ物を差し出すと、手の中のものでも安心して食べたといいます。

とくに、貧しい者に対する憐れみの心は強く、祭りの日などには新しい服などを気前よく彼らに施しました。ある日、それを見つけた母親がクップスワミに訊ねました。

「クップ、お前のためにせっかく新しいドーティ（インドの男性用民族衣装）を買ってあげたのに、人にあげてしまったのかい」

クップスワミは答えました。

「はい。でもお母さん、あの人を見てください。あんなにうれしそうに着てくれています。僕よりもあの人のほうがずっと必要としているのです」

彼は一度習ったことは忘れることがなかったといいます。学校の成績も優秀で、しかもスポーツ好きな快活な少年でした。

こんなエピソードもあります。近所の子どもたちと一緒に遊んでいるとき、一人の老婆が道を渡ろうとして転んでしまいました。それを見た近所の子どもたちは皆大笑いしましたが、クップスワミは厳しい口調で笑うのをやめさせ、自分たちもやがては年老いてゆくこと、困ったときはだれでも助けるべきであって、笑ってはいけないことを教えたといいます。

クップスワミはまた冒険好きな子どもで、時どき両親に心配をかけることがありました。

朝のプージャーの時間に彼の姿が見えないことがありました。心配する母親に、父は夜のプージャーの時間には戻るだろうと慰めます。実はこのとき、クップスワミは家から二〇キロも離れたカズグマラ寺院に行っていたのです。家では、夜のプージャーの時間になっても、寝る時間になっても帰って来ないクップスワミを心配していました。夜遅くになって、彼はようやく済まなさそうに帰ってきました。話を聞いた母親は何か食べる物を作ろうとしますが、彼はその日は何も口にしていなかったにもかかわらず、まったくおなかが空いていないと言い、母親を不思議がらせました。

一九〇一年、十四歳のときには、マドラスの偉い役人を迎えることになり、学校代表に選ばれてスピーチ役を務めることになりました。クマラプラム駅に役人を迎えたクップスワミは、大勢の人たちを前に堂々と歓迎の挨拶を述べ、歌もうたいました。学校で年に一度行なわれる表彰式ではよく、シェークスピア全集やマコーレーの演説集や著作集などをもらいました。

2　医師——慈愛に満ちた医療活動

医学生クップスワミ

一九〇五年、大学に入ることになったクップスワミは、苦しんでいる同胞のために少しでも役立ちたいと思い、医学を専攻することにしました。両親ははじめ、バラモンの家系の子息が取るべき道ではないと反対しましたが、クップスワミの決心が固いことを知ると、渋々ではありますが許可しました。

タンジョールの医科大学に入学した彼の勉強と研究はたいへん熱心なものでした。長い休暇のときも、ほとんどの友人たちが家に帰るなか、彼は学校に残り勉強を続けました。一年生にもかかわらず、上級生にしか許されていない手術教室に入ることも許され、成績も学校でトップでした。

大学の教授たちは、彼の中に知性、勤勉さ、将来性を見いだし、助手になるよう勧めました。クップスワミはこの立場を大いに利用し、外科の知識や実用的なアイデアを記録するため、いつもポケットにノートとペンを入れていました。

毎日、夜遅くまで本を読む日が続きましたが、もともと運動やスポーツが好きな彼は、勉強の合間に剣術を教わることにしました。しかし、剣術の先生がアウト・カースト*出身だったため、あるバラモンから、教えてもらうのはやめるようにと注意されました。クップスワミがはじめて直面したカーストの問題です。

家に帰ったクップスワミがそのバラモンに言われたことを深く考えていると突然、あるヴィジョンが見えてきました。それは、父の部屋でいつも礼拝していたシヴァ神の像がアウト・カーストの剣術の先生の胸の中に入っていくというものでした。それまで迷っていた彼は花や菓子や服を持ってすぐにその先生のところに行き、足元にひれ伏しました。当時ほとんどの人が持っていたカーストに対する差別というものを、クップスワミはこの出来事を機にいっさいなくしたのです。後に、医者になって貧しい者や弱い者に奉仕するときにも、カーストによる差別や偏見はまったく持ちませんでした。

『アンブロシア』

クップスワミは医科大学で、人びとの苦悩を救うための多くの知識を学びました。しかし、予防こそ治療にまさると考えた彼は、一九〇九年（二十二歳）、『アンブロシア』という三十二ページの月刊誌を発行しました。アンブロシアとは、神々の飲み物であるアムリタ（甘露）のことです。クップスワミはこの出版物を通して、インドの人たちが抱えている「個人の健康と公衆衛生の無知」という問題と闘いました。インドの伝統医学であるアーユル・ヴェーダからも情報を得て、いくつかのペンネームでさまざまな記事を書きました。『アンブロシア』はしばらくの間人気を博し、利益もわずかながら出ましたが、彼はそれを年老いた母親に送りました。

彼は雑誌に書くだけではなく、実践の場を求め、マドラスに行ってドクター・ハラーのもとで働きました。たいへんな重労働で、彼はここで患者の世話から薬の調合、経理なども経験しました。そして、忙しい合間をみては雑誌『アンブロシア』の編集と発行を続けました。

三ルピーという低料金で、助手も使わず、彼自身が編集し、雑誌の発送も行ないながら、『アンブロシア』の発行は四年間続けられました。しかし、部数はあまり伸びず、広告もわずかしか得られないという状態が続き、維持していくことは難しくなりました。

一九一三年（二十六歳）のある日、彼はマレーシアのゴム農園が医療の助けを必要としていることを知り、自分の道を見いだします。そこには大勢のインド人が働いていたのですが、労働条件は極めて悪く、医薬品も不足していました。

大学でのお別れパーティーの席で、クップスワミは友人たちに言いました。

「本の知識だけではわたしたちは大きくなれません。わたしは解剖学を学び、実際に人体を解剖しましたが、人体の中にアートマン*を見いだすことはできませんでした」

すると、友人が言いました。

「アートマンは、エゴがなくなったところに現われるものだよ」

「そのとおりです！　そのエゴを破壊するには、無私の奉仕がもっとも有効な手段だと思います。わたしは毎日、人びとに奉仕するつもりです。少しずつではありますが、きっと心の中に神を感じるようになると思います」

マレーシアのクップスワミ

クップスワミは家に戻ると、マレーシアに行くことを両親に打ち明けました。それを聞いた母親は非常に悲しみ、父親は、海を渡ることは聖典で禁じられていることを挙げて反対しました。

クップスワミはしかし、人びとを助けるために海を渡るのだから、聖典も許してくれるでしょうと、父親を説得します。クップスワミの意志が固いことを知った両親は結局、許可するほかありませんでした。

エステート病院

出発の日、母親はクップスワミの好物であるラドゥ（菓子）を作り、船の上で食べるようにとたくさん持たせてくれました。結果的にこれが非常に役立つことになりました。というのも、船の中には菜食者のための食事が用意されていなかったからです。船旅中は母親の持たせてくれたラドゥと水だけが彼の食事になりました。

また道中、彼は常に聴診器と薬の入った鞄を側に置き、乗客の診療を無料で行ない、皆に喜ばれました。

マレーシアに着くとまず、ゴム農園と病院の経営者に会いました。経営者はインドから来たばかりの若き医師に訊ねました。

「君は病院の経営もできるかい」

クップスワミは答えました。

「もちろんです。病院の二つや三つであろうと経営できます！」

こうしてすぐに〝セナワン・エステート病院〟の運営を任せられました。

クップスワミは患者を診察し、薬を調合し、会計もしなければなりませんでしたが、彼はこれらを規則正しく、勤勉に、良心的に行ないました。助手たちには病院を清潔にするようにさせました。雑然としていたカルテ、入院カード、資料などもきちんと整理しました。

マレーシアには大勢の医師がいましたが、患者に親切で同情的な医師は決して多くはありませんでした。ほとんどの医師が金持ちの患者だけを診察したがるなか、クップスワミは、彼の助けを必要としている貧しい患者を探し求めました。

また、他の医師たちは相談に乗るだけでも診察料を取っていましたが、クップスワミといえば、治療費を払えない貧しい患者たちには自分のポケットマネーを与えていました。貧困に悩む人たちが病気や苦痛から解放されるのを見るだけでうれしかったのです。

どんな患者にも親切に接するクップスワミの評判はたいへん良く、病院で働く人たちの尊敬も集めました。ドクター・クップスワミの優しいしぐさ、憐れみ深い言葉、熱心さが伝わってくる声、柔らかいトーン、的確な注意など、患者たちは苦しみが薄らいでいくのを感じました。患者たちはそんなクップスワミを、「患者を奇跡的に治す力を神から授かった人」として尊敬しました。

マレーシア時代のシヴァーナンダ

クップスワミは患者を診ている間、いつも祈っていました。毎週金曜日には、病院内で祈りの集会を持ち、終わりにはプラサード*を配りました。それから病棟を見て回り、具合が悪くて集会に参加できなかった患者の口にプラサードをやさしく入れてあげました。

難しい病状の患者には、よく徹夜で看病をしました。病人たちに囲まれていると、彼らの辛い気持ちがよく分かりました。

働くことができない大勢の貧しい人たちのためには「救済小屋」を建て、食料や衣料品を用意し、彼らの働き口を求めてあちこち走り回りました。

ある日の真夜中、彼は病院での勤務を終えて家に戻っていました。すると男の人が訪ねて来て、自分の妻がいま非常に苦しんでいるので、ぜひ診てくださいと、申し訳なさそうに頼んでいる声が聞こえてきました。

使用人がその男に、真夜中であることと、雨が強く降っていることを理由に、また明日来るように言いました。それを聞いていたクップスワミは、すぐに行くことを伝えて男を安心させ、使用人にオートバイを用意させました。雨が降る真夜中、オートバイで男の家に駆けつけたクップスワミは、出産で苦しんでいる男の妻を診察しただけではなく、お産が無事済むまで祈り続けました。

このような医師クップスワミの慈愛に満ちた診療は、やがてマレーシア中に知れ渡っていきました。

この病院で働くことにより、クップスワミ自身の心もたいへん高められました。それは、どんな人をも受け入れ守ってくれる大樹のバーニヤンのようでした。彼は、助けを求めてくる人は、どんな人であれ拒絶することはありませんでした。

3　出家——絶対的な安らぎを求めて

出家

若い医師クップスワミの中に宗教的な資質や傾向が少しずつ芽生えはじめ、サンニャーシン*やサードゥ*の仲間を求め、宗教や哲学の本を頻繁に読むようになりました。本箱はこれらの本であふれ、夜遅く起き出して読み耽ることもしばしばでした。

サンニャーシンやヨーギー*が近くを通ると、たくさんのお布施を持たせました。時には数日間滞在させ、彼らが汽車で次の目的地に向かうときには、ファースト・クラスの切符を渡していました。

あふれるほどの豊かな思いやり、心からの慈しみ、貧しい人たちへの奉仕は、若い医師クップスワミの精神性を高め、精神生活の支えになりました。

しかし、クップスワミはこの頃から、この世が不幸と災いに満ちていることにとても悩むようになりました。どうすればこの世に平和と安らぎが訪れるかということを真剣に考えていたのです。周りの人たちは、いつも元気なクップスワミがまったく元気を失い、何か考えこんでいる姿を眼にして心配になりました。

後に、この頃のことを次のように語っています。

「この人生の中で、毎日の事務的な仕事よりも、もっと高い使命はないのだろうか。一時的な悦びや快楽よりも、もっと高度な、そして永遠の幸福はないのだろうか。なんて人生は不確かなものなのだろう。この世に存在しているものは、なんと脆いのだろう。この世は病気、心配事、不安、恐怖、失望などに満ちあふれている。名前や形あるものは絶えず変化している。時はとても速く過ぎてゆく。この世の幸福への期待は、苦痛と悲しみと絶望に終わってゆく」

実際、医師であるクップスワミの周りは、どこに行っても、肉体的にも精神的にも苦しみ悩んでいる人たちばかりでした。彼の心は、貧しさや病気で苦しんでいる人たちのために血を流し、その悲しみがクップスワミの心を引き裂きました。

このような人生における重大な時期に、彼は病気で苦しんでいるサードゥを診療するということがありました。サードゥは、クップスワミの献身的な看病を喜び、彼の中に何か高貴な霊的輝きを見、やがて世界的な指導者になるであろうことを予言します。サードゥは彼に何冊かの本を渡してよく読むように言い、彼を祝福しました。その中の一冊はヴェーダーンタ哲学の本でした。クップスワミも、神がこのような機会を与えてくださったことに深く感謝しました。貧しく、病気で苦しんでいる聖者への無私の看病が、クップスワミを精神的な道に導き入れたのです。

無私の行為を通して心が純粋になるにつれ、クップスワミは新しいヴィジョンを得るようになりました。清純な優しさと神聖な輝きに満ちた「家」があるというヴィジョンです。そこには絶対的な安らぎや、永遠の幸福感が満ちています。そのような家は、自己実現を通してしか得られないということを直感したのです。

クップスワミはある聖典の中の言葉を思い浮かべました。それは「平静さを得た日が、この世を離れる最善の日である」という言葉です。

そして、ついに病院を去る決心をします。

決心した次の日にはマレーシアを発ち、母国インドに向かい、真っすぐ生まれ故郷に戻りました。久しぶりに息子の顔を見た両親は大喜びです。

クップスワミはしかし、皆が慌ただしく歓迎の準備をしていている間にどこかにいなくなってしまいます。家族の者たちは古い友人に会いにいったのだろうと思い、夕食までには帰ってくるものと思っていましたが、何時になっても戻ってきません。

心配した家族が手分けをして近所中を捜し回りましたがどこにもいません。見つからないのも当然です。皆が捜し回っているとき、クップスワミは駅で、北へ向かう汽車を待っていたのですから。そうとは知らない家族の人たちは何日も何週間も待ちました。しかし、クップスワミは二度と家には戻りませんでした。


一九二三年（三十六歳）、クップスワミは無一物で、神の導きだけを頼りに遊行の旅（パリブラージャカ）に出たのです。

南インドの生まれ故郷を去って数日後、クップスワミはマドラスから汽車でベナレスに向かいました。ベナレスは大勢の人たちであふれていました。彼は北インドの言葉であるヒンディー語や北インドの風習が分かりませんでした。たとえば、チャーイ（インド紅茶）を素焼きのカップで飲むということも初めての経験でした。何も知らないクップスワミがカップを洗って返そうとすると、店の主人はいやな顔をして怒鳴りました、「一度使ったカップは捨ててくれ！」と。迷った彼は主人の言うとおりにして、その場を立ち去りながら考えました。こういう経験は、ここで生きてゆくために払わなくてはならない「税金」のようなものだと。

ベナレスでは、有名なヴィシュヴァナート寺院（シヴァ派の寺院で、黄金寺院とも呼ばれる）に詣で、神に祈りを捧げていると感動でいっぱいになり、熱い涙が頬を伝わってきました。後にそのときのことを次のように語っています。

「ヴィシュヴァナート神はわたしに新しい光を与えてくださいました。過ぎ去った人生のいろいろな思い出は消え去りました。そしてヴィシュヴァナート神自身がわたしのグルだと感じました」

クップスワミは修行のため人里離れた場所を求めていたのですが、ベナレスは聖地とはいえ、喧噪の絶えない近代的な都会でした。そのうえ冬だったので、南インド出身のクップスワミにとっては、ベナレスの寒さは死ぬほど辛いものでした。

そんな様子を見ていた親切なサマリア人が彼に毛布を与えてくれました。この毛布はクップスワミが受けた最初のお布施となりました。そのサマリア人はクップスワミから事情を聴くと、パンダルプルというところを教えてくれて、切符までくれました。

パンダルプルではサンニャーシンのように托鉢をして家々を回りましたが、初めから上手にできたわけではありません。クップスワミはそれまで人に物を与えることはあっても、人に物を乞うという経験は一度もありませんでした。村に入り、静かに人に近づいてその耳元で囁くのです。

「わたしはマドラスのバラモンですが、おなかが空いています。なにか食べ物をいただけないでしょうか？」

大きな男にいきなり耳元で囁かれて驚いた人も、クップスワミの高貴な顔つきを見て何かしら与えてくれました。

このように托鉢も大変でしたが、雨に濡れて冷たくなった身体を、藁の中で乾かしながら一夜を明かすことも、並大抵のことではなかったでしょう。

坊主頭に裸足、粗末な衣服を身につけた見習い僧は遊行を続け、時には何マイルも何マイルも食事の施しを受けられないまま歩かなくてはならないこともありました。あまりの空腹のために、野生のイチジクや、木から落ちたアマラカの実を食べることもありました。しかし、このような遊行生活は、忍耐や平等観を学ぶとてもよい機会でもありました。

イニシエーション

このような遊行生活を続けているうちに、ふとしたことで知り合った親切な郵便局長から旅費の施しを受け、クップスワミはヒマーラヤのふもとの聖地ハリドヴァール*までやって来ました。

そして、一九二四年五月八日（三十七歳）、クップスワミはついにリシケーシに着きました。当時のリシケーシは、ほんのわずかな聖者や修行者たちを除いて、まだ世間には知られていないとても静かな所でした。ガンジスの悠久の流れも、緑の森も、クップスワミがリシケーシに来たことを歓迎しているかのようでした。夜遅くリシケーシに着いたので、その夜はダルムシャーラー（巡礼宿）の軒下を借りて一晩を明かし、次の日から、彼は一日も休まずガンジスで沐浴し、朝の祈りを捧げ、瞑想や修行に専念しました。

リシケーシに来て一ヵ月近くが過ぎた六月一日、クップスワミがいつものようにガンジスで沐浴していると、スヴァーミー・ヴィシュヴァーナンダ・サラスヴァティーというシャンカラチャーリヤ派の聖者がやって来ました。見習い僧クップスワミと聖者ヴィシュヴァーナンダ・サラスヴァティーは、一目見てお互いに惹かれるものを感じました。クップスワミはその聖者の中にグルとしての輝きを見、聖者のほうも若いクップスワミの中に将来の大きな光を見ました。

クップスワミはスヴァーミー・ヴィシュヴァーナンダ・サラスヴァティーからサンニャーシンとしての儀式を受け、世俗的なドーティを脱ぐと、グルから聖なる衣装を授かりました（この後しばらくして、正式にサンニャーシンになるための儀式ヴラジャ・ホーマが、ヴィシュヌデーヴァーナンダによりカイラーサ・アーシュラムにおいて行なわれました）。

医師クップスワミはここに、スヴァーミー・シヴァーナンダ・サラスヴァティーとなりました。

スヴァーミー・ヴィシュヴァーナンダがシヴァーナンダに、一緒にハリドヴァールやベナレスに行くかと訊ねると、シヴァーナンダはリシケーシに残り修行する決心をしていることを伝えました。するとグルは、サンニャーシンとしての教えを彼に書き与えました。

シヴァーナンダは自叙伝の中で次のように語っています。

「わたしはグルを探し求めてリシケーシに来ました。自分勝手な修行者の多くはよくこう言います、『グルなんか必要ない。神がわたしのグルだ』と。彼らは勝手に朱色の衣に着替え、自由に生きていこうとします。そして何かトラブルや困難に直面すると、どうしてよいか分からずうろたえます。わたしは聖典や聖者を無視したような彼らのやり方は好きではありません。初めのうちはグルは必要です。グルだけがあなたに神への道を示すことができるし、落とし穴や罠から守ってくれるのです。自ら悟りを体験した聖者の言葉に絶対的な信頼を置くことによってのみ、あなたは精神的な道を歩むことができるのです。

また、朱色の衣を着ることは、その人の心を変えるのにたいへん必要なことです。人は習慣という力のために、どうしても感覚は感覚の対象によって動かされるものです。朱色の衣を着ることによってあなたの心の中にサンニャーシンだということを気づかせてくれるのです。それによって、あなたから悪い習慣を断たせ、悪い行為からあなたを守ってくれるでしょう」

また、リシケーシという聖地については次のように語っています。

「リシケーシは聖者たちにとって本当にすばらしい聖地です。リシケーシには聖者やヨーギンや求道者たちに無料で食事を提供してくれる施設がありますし、彼らはどのクティール（小屋）やあずま屋にも住むことができます。リシケーシの近くにはまた、ブラーフマプリ、ニーラカンタ、ヴァシシュタ・グハ、タポーヴァンなどの魅力ある場所がたくさんあり、これらの場所に住んでいる聖者たちは半月に一度食料を得ることができます。

ヒマーラヤの景色はたいへん魅力的で魂を高揚させてくれますし、聖なるガンジスは祝福してくれます。リシケーシを訪れた人はみな適当な岩の上やガンジスの河原で、何時間も瞑想して過ごします。サンスクリット、ヒンディー、英語で書かれたヨーガや哲学の貴重な本が収蔵された図書館もあります。学識のある人は規則的なクラスを持つこともできますし、個人的に教授することもできます。気候はたいへん心地よく、冬は少し寒く、夏は少し暑くなるくらいです。病院もあります。リシケーシというところはこのように、すべての修行者にとって、邪魔が入らずに厳しい修行ができる理想的な場所だと思います」

当時のリシケーシ

サーダナ*

リシケーシにやって来たシヴァーナンダは、せめて雨をしのげ、神の名前を歌える場所があれば十分だと思っていました。しかし、修行の場所は、大勢の人びとや巡礼者がいるところからある程度離れていなくてはなりません。その結果、リシケーシの町から少し離れたコールガートというところを選びました。給食所は三キロも離れていましたが、雨の日も晴れの日も、四枚のチャパティとダールを貰うために往復しました。

彼にとっては修行の時間がもっとも大切であり、少しでも怠けたり、無駄に時間を費やすことは苦痛でした。カーリカンリワーラーという布施所ではスヴァーミーたちに月に二度の割合で散髪のチケットを与えていたのですが、シヴァーナンダは散髪の時間も惜しくなり、髭は伸び放題になってしまいました。

シヴァーナンダはやがて、コールガートからブラフマーナンダ・アーシュラムに移りました（ブラフマーナンダ・アーシュラムは現在のアーシュラムの近くにありました）。アーシュラムの部屋は荒れ果てていましたが、そこからはガンジス河や遠くヒマーラヤを見ることもできます。この頃のシヴァーナンダは、病人を治療するとき以外はまったく世間から離れ、頻繁に神秘体験を経験した時期でもありました。

部屋の三方の壁は石を積み重ねただけのもので、大きな樹の枝が屋根の代わりをしているというような、決して充実した施設とはいえませんでした。虫や爬虫類もたくさんいます。シヴァーナンダはしかし、このアーシュラムが大変気にいっていました。そこから二、三分も歩けばヒマーラヤの深い森で瞑想することができ、だれに邪魔されることもありません。

友人たちとくだらないおしゃべりに耽るということは決してしませんでした。布施所に行くときもマウナ（沈黙の行）を守り、人と会わないようにジャングルの中の小路を歩きました。

修行はしかし、自己本位な目的を達成するために行なわれるべきではありません。他人への奉仕もりっぱな修行の一部です。しかも人への奉仕は厳しく、決して楽なものではありません。ときには犠牲も伴います。

彼はある日、栄誉失調で弱りきったサードゥを見かけ、とても心を痛めました。そこで思い出したのが、マレーシアで働いていたときに蓄えたお金です。彼は早速手紙を出してお金を送ってもらい、身体の弱っているサードゥたちのために使いました。彼は薬や食べ物を入れた袋を担ぐと、病気や栄誉失調で弱っているサードゥたちを助けて歩きました。袋を担いで人びとを助け歩くスヴァーミーはリシケーシの名物になりました。

それを見ていたスヴァーミー・カイカラーナンダという聖者が、シヴァーナンダの中に病人に対する奉仕の精神が根本的にそなわっていることを見抜き、慈善的な施薬所をはじめてはどうかと提案しました。シヴァーナンダは快く受け入れ〝サティヤ・セーヴァ・アーシュラム・ディスペンサリー〟という名前ではじめられることになりました。

シヴァーナンダは語っています。

「病人や貧しい人、聖者に奉仕することによって、心は純粋になります。それは憐れみや同情や寛大さを育ててくれ、エゴ、自己本位、憎しみ、怒り、プライド、嫉妬などをなくしてくれます。聖者や修行者や貧しい村人は薬を買う余裕がありません。そこでわたしは、聖地バドリナートに行く途中にあるラクシュマン・ジューラー*で、小さな施薬所をはじめたのです」

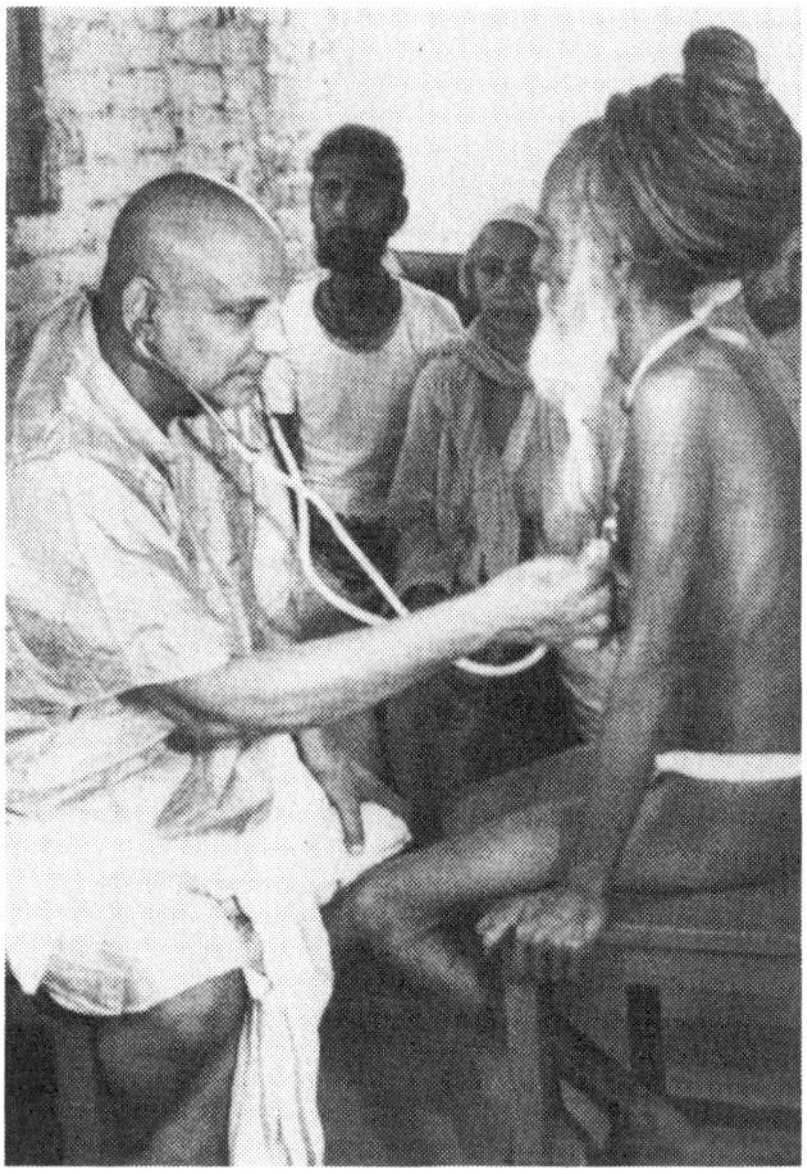

病人を診るシヴァーナンダ

聖地バドリナートへの道は非常に険しく、多くの危険を伴う巡礼者のために、彼はいつも薬を用意していました（彼は一九三四年にスヴァルガ・アーシュラムを去りますが、この施薬所はかつて医師だったスヴァーミー・ジニャーニャーナンダに譲られました）。

ある夜、バドリナートに行くという一人の巡礼者が訪ねてきてしばらく話をした後、薬を受け取って宿舎に帰って行きました。しかしベッドに入ってから、彼のために特別に調合した薬を渡すのを忘れていたことに気づき、それが気になって気になって仕方がありません。

翌朝、まだ夜も明けないうちにその巡礼者が泊まってる宿舎に薬を持っていったのですが、すでにバドリナートに向かって出発したあとでした。シヴァーナンダは迷わず追いかけることにしました。しかし、行けども行けどもなかなか見つからず、結局、何キロも追いかけてやっと薬を渡すことができました。夜明け前にクティールを出たのに、すでにもう九時を回っていました。その巡礼者は、薬を渡すために険しい道を何キロも追いかけて来てくれたシヴァーナンダに何度も何度もお礼を言いました。

シヴァーナンダは語っています。

「常に奉仕する機会を見つけていなさい。決してその機会を見逃してはいけません。自分自身で人びとに奉仕する機会をつくらなくてはなりません。奉仕する機会を待つのではなく、つくらなくてはなりません。そして、どうかあなたの気質や能力や性格に合った方法で行なってください。奉仕は積極的でなくてはなりません。助けを必要としている人たちの中には時々それを拒絶する人もいますが、そのような場合は、求められていることだけを行なってあげてください」

4　修行――スヴァルガ・アーシュラムの時代

スヴァルガ・アーシュラム

シヴァーナンダのリシケーシでの最初の二、三年間は、*住むところも定まらない状態が続き、今日はここに、明日はあそこにというありさまでした。それを見ていたスヴァルガ・アーシュラムの長老たちは、シヴァーナンダに小さな小屋を贈りました。

スヴァルガ・アーシュラムの小屋に移ると、シヴァーナンダの存在はすぐに皆に知られるようになり、アーシュラムの長老たちも会う人ごとに、シヴァーナンダに会って教えを受けるようにと勧めました。

シヴァーナンダは自叙伝の中で、スヴァルガ・アーシュラム時代のことを次のように語っています。

「わたしは歯を磨いたり、身体を洗ったり、服を洗濯したりすることに多くの時間を取るようなことはしませんでした。時間が惜しかったのです。それらを手早く済ませてしまうと、あまった時間を修行にあてました。かと言って、身の回りのことを弟子や信者に頼るということは決してしませんでした。その頃わたしは、修行や托鉢、手紙を書く時間など、きちんとスケジュールを決めていたのですが、徐々に多くの人たちがわたしに会いにくるようになり、わたしのスケジュールに少なからず影響が出てくるようになりました。そこでわたしは、アーシュラムの長老たちに許可をもらって、小屋の周りに柵をめぐらすようにしました。訪ねてくる人たちの前では、高度な哲学の話をしたり、知識を見せつけるようなことは決してせず、実践的なヒントを与え、一人、五分以内で終わらせるようにしました。入口には『お会いするのは夕方四～五時までにしてください。一人、五分以内にお願いします』と掲示しました。

冬の間は訪れてくる人があまり多くなかったので、瞑想に多くの時間をかけたり、散歩やキールタンにあてました。そして、二週間から一ヵ月ほど、スヴァルガ・アーシュラムを離れ、二枚の衣服と毛布を持ち、ガンジスの河原をさまよい歩くのです。家から家へと

スヴァルガ・アーシュラム時代のシヴァーナンダ

訪ね歩いては食料をもらいましたが、沈黙の行をしていたので、村人とは話もしませんでした。
それからしばらくして、わたしは部屋からもまったく出ないで、食事もそれまでの托鉢でとっておいた堅くなったチャパティだけを食べるようにしました。そして、夜、ガンジス河のほとりや岩の上に坐わって自然と一体となることが、当時のわたしにとって名状しがたいほどの歓びでした」

シヴァーナンダは身体を健康に保つために、アーサナ*、プラーナーヤーマ*、ハタ・ヨーガ*の浄化法などを行なっていました。これらに加え、わずかにランニングなどの運動もしていました。

規則的なプラーナーヤーマは、スヴァーミージーに無尽蔵のエネルギー、驚異的な記憶力、力強い声を与えてくれました。また、プラーナーヤーマによって患部にプラーナ・エネルギーを送り、素早く治すことができるようにもなりました。

シヴァーナンダはたいへん厳しい修行生活を送っていました。朝四時に起きると、凍るようなガンジス河に腰まで浸かり、陽が昇るまでジャパ*を唱え続けました。昇ってくる太陽（神）に礼拝すると、ようやく河から上がり、急いで部屋に戻ると瞑想をし、九時になると部屋から出て、彼を待つ病人のところに行きました。彼らの世話をした後、素早く身体を洗い、あまり人の通らない道をクシェートラ（給食所）まで行き、食料をもらうと、帰りもなるべく人に会わないようにして戻りました。その間、ジャパやプラーナーヤーマをすることができました。

食事を持ち帰ると、自分の食べる分は部屋に残したままで、まずラクシュマン・ジューラーに行き、サードゥたちに配りました。それが終わるとまた部屋に戻ってきて、やっと自分の食事をとりました。

午後はしばしば、巡礼船でガンジス河を渡り、ラーマ・アーシュラムの図書館に行きました（雨期は船が出ないので、遠回りしてラクシュマン・ジューラーを渡りました）。彼はいつも辞書を持っていて、解らない言葉はすぐに調べるようにしていました。たくさんの本の中でも、『ウパニシャッド』*『ヴィヴェーカチュンダーマニ』『ヨーガ・ヴァシシュタ』『アヴァドゥータ・ギーター』などがお気に入りで、中でも『ヴェーダーンタ』は、彼の好みの書物でした。

スヴァルガ・アーシュラム時代のクティール

シヴァーナンダは、一日のスケジュールに、自分の考えやアイデアや経験をまとめたり記録したりする時間をきちんと割り当てていました。しかし、わずかなお金さえも病人や困った人たちのために使ってしまっていたので、何か書きとめるにしても、捨てられていた紙くずや封筒を裏返しにしたものを使っていました。インクを買うお金もありませんでした。紙とインクがあったとしても、夕暮れになり明かりが必要になると、あきらめなくてはなりませんでした。ランプにあまり油がなかったのです。

あるとき、信者の一人が、シヴァーナンダ自身のミルク代として五ルピーくれたことがありました。シヴァーナンダはしかし、このお金は神からの贈りものだと考えて、別なことに使うことにしました。そのお金は、シヴァーナンダにとっては最初の小冊子『ブラフマ・ヴィディヤー』の印刷代に使われたのです。この小冊子は、彼のところに来た人たちに配られました。これを読んだ人たちはたいへん喜び、スヴァーミージーに、費用は出すから、もっといろいろなものを印刷してほしいとせきたてました。そうして二冊目が作られ、やがて三冊目、四冊目が作られました。

シヴァーナンダのこの頃の生活を、早くからの修行仲間であるシュリー・ラージギリは次のように語っています。

「極端なほどの無執着、無欲がシヴァーナンダの特長でもありました。彼は生きていくための最小限の必需品しか持っていませんでした。食事は堅くなったチャパティをガンジスの水に浸して軟らかくしてから食べていました。衣服もたった二枚のドーティしかなく、部屋には、毛布と水を入れる粗末な器以外、家具らしいものはありませんでした。あるとき、その毛布さえも貧しい巡礼者にあげてしまい、旅人に姿を変えた神が新しい毛布を置いていってくれるまで、彼は薄い木綿のドーティをまとって震えていたということがありました。

彼はまた、ジャパをするためによく夜明け前のガンジス河に腰まで浸かり、陽が昇るまでマントラ*を唱えるという苦行をしていました。昇ってくる太陽に礼拝すると、ようやく冷たいガンジス河から上がるのです。このような厳しい修行のために、彼は慢性的な下痢や腰痛を引き起こすようになってしまいました」

シヴァーナンダの最初の弟子であるパラマーナンダ*も、シヴァーナンダの部屋に初めて入ったときのことを思い出して、次のように語っています。

「部屋の隅には乾いて堅くなったチャパティや束になった紙類、薬のびんの入った箱が積み重ねられていました。スヴァーミージーはわたしにビスケットとアーモンドをくださいました。そのビスケットのおいしさは一生忘れられません。わたしははじめ、部屋の隅に積み重ねられた堅くなったチャパティとおいしいビスケットの関係が理解できませんでしたが、次の日にその疑問を解くことができました。それはスヴァーミージーと一緒に給食所に行ったときのことです。他の修行者たちはチャパティやダールを入れるための小さな器を二つだけ持ってきているのに対し、スヴァーミージーは三つも四つも持ってきては、ミルクやヨーグルトをいっぱい入れるのです。正直言って、一緒にいたわたしは少し恥ずかしく思いました。スヴァーミージーはしかし、それらをラクシュマン・ジューラーに持ってゆくと、病気の聖者たちに配りはじめたのです。ビスケットやアーモンド、ミルクやヨーグルトは、身体が弱った人たちのためのものだったのです。スヴァーミージーが食べるものといえば、堅くなったチャパティだけでした。そのときわたしは確信しました。スヴァーミージーの心には慈悲深さと憐れみが満ちあふれているということを。スヴァーミージーの部屋にあったものはみな、貧しい人や病気の人たちのためのものだったのです。スヴァーミージーのそばですごしたことのない人たちは、贅沢好きなスヴァーミーと思ったかもしれませんが、それは大きな間違いです。スヴァーミージーほど、無執着、無欲に徹した人はいません。もし、何も知らない人たちがスヴァーミージーの堅くなったチャパティとガンジスの水だけの夜の食事を見たならば、きっと驚くことでしょう」

サマーディ

訪ねて来る人が多くなりすぎて自分の修行に影響がでそうなとき、シヴァーナンダはよく、ガンジスの河原の岩陰に、マニコート丘の森の中に身を隠しました。とくにお気に入りの場所は、急な流れに変わるガンジス河の中洲にある岩陰でした。夕暮れになると、シヴァーナンダはこれらの場所に行っては瞑想をしました。突き出た岩のくぼみに坐わり、陽が沈むと、自分の小屋にこっそりと戻ってくるのです。

シヴァーナンダの瞑想の時間が徐々に長くなっていきました。一日に八時間になり、冬になるとさらに、十二時間から十六時間かけるようになりました。聖典の学習や医療行為はしばらく中断し、ただ深い瞑想だけに没頭するようになると、やがて真理を体験するようになりました。

この厳しい長時間の瞑想のため、クシェートラ（給食所）行きも中断し、担当者に頼んで四、五日分のローティをまとめて持って来てもらいました。食事は、日にちがたって堅くなってしまったローティを粉々にしてガンジス河に持って行き、河の水と混ぜてペースト状にしたもので済ませ、急いで部屋に戻ってきました。

シヴァーナンダの人生には、無駄な時間は一切なかったのです。時間はとても大切です。一分でも無駄にしてはいけません。

"Sure Ways of Success in Life"の中で、スヴァーミージーは次のように語っています。

「時間はとても大切です。決して戻ってくることはありません。たいへんな速さで過ぎてゆきます。ベルが鳴ったときには、死はもう眼の前に来ています。時計が時報を打つたびに、人生が一時間ずつ切り取られていくということを心に留めておきなさい」

「人生は短く、時間は速く過ぎてゆきます。起き上がり、目覚め、真実の自己を悟りなさい」

これらは、彼の教えを聴きに来た人たちに必ず語っていたスヴァーミージーの簡潔な金言です。

「明日から生活を一新しますよ」と語る人たちに対して、スヴァーミージーは心から諭していました。

「それはいけません。明日などというのは愚かな人の言うことです。その明日はやって来ないでしょう。一日、一月、一年、一生が、あっと言う間に過ぎていってしまいます。いま、この瞬間から行なうようにしなさい」と。

この厳しい修行の期間、シヴァーナンダは、多くの有名な聖者たちに祝福されるというヴィジョンを見ました。

あるとき、シヴァーナンダは仲間との交際やおしゃべりを断ち、部屋のドアに鍵をかけると、深い瞑想の行に入りました。このような瞑想の日々が来る日も来る日も続き、ついに五年間が過ぎました。

そして一九三〇年（四十三歳）、スヴァーミー・シヴァーナンダは、ついに修行のゴールであるサマーディに到達しました。このときのことを、シヴァーナンダ自身が次のように語っています。
「わたしは、質素な生活をすること、高貴な考えを持つこと、節食、深い勉強、瞑想、規則的な祈りをすることに特別の注意を払い、隠遁と沈黙の誓いを守ることに専念し、意味のない交際やくだらないおしゃべりから遠ざかりました。毎日、近くのラーマ・アーシュラムの図書館から本を借りてきては勉強しました。また、ちょっとした休憩が、厳しい修行に耐えるための精神的な強靭さをもたらしてくれました。何人かの聖者とも親密になりましたが、決して形而上学的な討論で時間を費やすことはしませんでした。自己分析と自己反省がわたしのガイドとなりました。そして、多くの時間を瞑想やいろいろなヨーガを行ずることに専念しました。神秘的な知識はむやみに明かさないというのが伝統的な教えですが、少しでも求道者や修行者たちの助けになるならばと思い、わたしは自分の考えや経験したことを伝えることにしました」

悟りを得た実際の日時や、その詳しい内容について、シヴァーナンダは何も語っていません。いろいろなことから推測すると、この深い瞑想状態の間に、ウパニシャッドの哲人やクリシュナ神のヴィジョンを見たようです。このことについて質問をされると、シヴァーナンダは以下のように簡単に片づけてしまったそうです。
「スヴァルガ・アーシュラムでの瞑想や厳しい修行の結果、わたしは多くの聖者や賢人に会い祝福を受けました。神はクリシュナ神のお姿でわたしの眼の前に現われました」と。

これがシヴァーナンダの経験したことのすべてではないでしょうが、このような悟りや解脱の境地、神秘的な経験を、人に説明することはもともと不可能です。リンゴを食べたことのない人にその味を説明するようなものだからです。

シヴァーナンダは自叙伝の中で、自分は修行につまずいたことも、迷ったことも、決してなかったと言っています。しかしそれは、修行中、いつも安楽な気持ちでいたという意味ではありません。むしろ、慈悲深いシヴァーナンダは、普通の人たちよりも実に多くの苦悩を味わっていました。しかし、彼のうちから湧いてくる歓びや至福が、それら試練や苦悩に対する強い抵抗力となりました。

シヴァーナンダの心から輝く神聖なる知識は周りにいる人たちの無知を焼き尽くし、彼の口から出た言葉や書物は特別の輝きを放ちました。人びとは魅了され、彼の周りに集まりました。集まって来た人たちの多くは英語が理解できなかったにもかかわらず、彼はいつも英語で語りかけました。それでも彼らはシヴァーナンダの話に夢中になりました。シヴァーナンダの中に「特別な何か」を見ていたからです。

初めての本、初めての弟子

設備や食事は決して十分とはいえませんでしたが、シヴァーナンダは実に多くの仕事を成し遂げました。病人の看護、弟子たちの指導、新聞への投稿、「インタヴュー」での質疑応答、などなど。

この時期に何よりも喜ばしいことがありました。一九二九年(四十二歳)、シヴァーナンダは初めての本を出すことができたのです。それは『プラクティス・オブ・ヨーガ Vol. 1』というタイトルでした。

彼は、タイプライターはもちろん、紙を買うお金すらありませんでした。たとえ買うお金があったとしても、近くにはそれらを売っているお店がまったくありません。そこで彼は考えました。いろいろな場所に出かけて行くサードゥたちにお願いして、いらなくなった紙や封筒を探してきてもらい、無地の紙や封筒の裏を綴じて手製のノートを作ったのです。夜は、電灯もなかったので、空のインクボトルの中に灯油と芯を入れて明かりにしました。助手を使うこともありませんでしたので、写しもすべて自分で行ないました。

原稿を書いても、シヴァーナンダには出版を引き受けてもらうためのつてがありませんでした。そこで、すばらしい方法を思いつきました。それは、自ら書き写した手製のノートに、「どうぞお好きなだけ印刷して結構です。ただ、そのうちの百部だけをわたしに送ってください」と書き添えて、マドラスやラクノウやカルカッタなどの郵便局長宛に送ったのです。やがて、ある郵便局長から「あなたの厚かましさには驚かされました！」というメモと一緒に、美しく印刷された本が百部送られてきました。

シヴァーナンダの高い精神性は、リシケーシの若い修行者たちには理想のグルとして映りました。シヴァーナンダを訪れては弟子になりたがる若者が増えはじめました。彼はしかし、自分は単なるサードゥであり、グルではないので弟子はとらないこと、しかし、友人としてサーダナの助けくらいならばできることを説明しました。シヴァーナンダは世俗的なことから離れ、静けさの中で瞑想することを好みましたし、そもそも、そうすることが目的で医師という職業を捨ててまで取った道でした。多くの弟子を持つには、アーシュラムを創らなければなりません。

初期のアーシュラム

しかし、サマーディを経験した後、シヴァーナンダの態度に変化が現われました。今まで拒んでいた弟子をとるようになったのです。彼らをサンニャーシンとしての生活に導き、ヨーガや瞑想を教えるようになりました。

彼はこのことを通して、若い求道者たちには正しい指導が必要なことを痛感しました。

シヴァーナンダのもとにやって来たのは若者ばかりではありません。中には七十歳のジニャーナーナンダや、六十歳のヴィディヤーナンダという、彼よりも年上のスヴァーミーもいました。

スヴァーミー・シヴァーナンダが最初にサンニャーシンに導いた弟子はサッチダーナンダ（現在アメリカで活躍中のサッチダーナンダ*とは別人）でした。初期の弟子であるパラマーナンダがシヴァーナンダの弟子になったとき、サッチダーナンダはすでにシヴァーナンダと暮らしていましたが、このサッチダーナンダについてはほとんど情報がありません。

スヴァーミー・パラマーナンダもたいへん古くからの弟子です。パラマーナンダがまだマドラスの駅で働いているときに、スヴァルガ・アーシュラムにいるシヴァーナンダに手紙を書きました。彼はシヴァーナンダの最初の作品『プラクティス・オブ・ヨーガ』にたいへん感銘を受け、できればシヴァーナンダに会いたいと思っていたからです。そして彼の直弟子になり奉仕をしたいと考え、そのことを手紙に書きました。

一九三〇年八月二十九日付のシヴァーナンダの彼への返信は次のようなものでした。

「あなたはとても精神的な人のようにお見受けします。どうぞ、これからもそれらを大事に育てていって完璧なものにしてください。また、あなたはわざわざ遠いリシケーシにまで来る必要はないと思います。どうにかして、ポンディチェリーのオーロビンド*・アーシュラムかラーマクリシュナ*・ミッションにお入りなさい。あなたはそれらのアーシュラムでもりっぱに成長することができるのですから。そこでしっかりと学んでください。精神的な道を歩くには、子どものようにちょっとだけ夢中になったり、いいかげんな気持ちでは続けられません。精神世界の道は決してバラ色の道などではありません。茨やサソリ、蛇でいっぱいの困難な道です。岩だらけの困難に満ちた断崖の道です。しかし、自己実現への強い決意を持った人にとっては容易な道となるでしょう。知識への強い渇望が必要です。精神的な日記を付けなさい。すべてを記録しておきなさい。そして、いつかその日記をわたしに送って見せてください」

一九三〇年十一月三日付の手紙では弟子にすることを認め、より多くの忠告がなされています。
「できるかぎりお金を貯蓄しておきなさい。在家の人たちの思いやりだけでは不足するでしょう。今の世の中では、サンニャーシンといえどもお金が必要です。ラーマクリシュナ・ミッションに仕えなさい。学問と瞑想に歓びを持つようにし、世俗的な快楽を捨てなさい」

一九三〇年十二月十二日付の三通目の手紙では、リシケーシに着いてからのことを指示しています。
「どうぞ、スヴァルガ・アーシュラムに幾日か滞在してください。そして、孤独と精神的な雰囲気を楽しんでください。サッチダーナンダと一緒の部屋に泊まりなさい。わたしの名前を言えば、ベッドを用意してくれるでしょう。サッチダーナンダともう一人、バラナーナンダが世話をしてくれるでしょう。アーシュラムの場所はリシケーシの郵便局長に聞くとよいでしょう。スヴァーミー・アドヴァイターナンダか、スヴァーミー・タポーヴァンに会いなさい。彼らは二人ともすばらしいサンニャーシンです。ブラーフマプリの森に行ってスヴァーミー・プルショータマーナンダにも会ってください。彼らはみな、わたしの親しい友人です。それからもう一つ、どうぞよく聴いてください。絶対に焦って世間を捨てることのないように。世の中というのはサットヴィック*な性質を成長させる場所でもあります。世の中は、少しでもよくなりたいと思っている人たちにとって、もっとも優れた教師です。もう少し世間にとどまりなさい。一所懸命に稼いで、価値のある生活を楽しみなさい。ヴァイラーギャ（離欲生活）はボーガ（快楽）を十分に経験した後にやってくるものです。それらを経験してから、強く、堅固で、厳しいものになるのです。エゴや好き嫌いがなくなったときに、本当のアーナンダ*があるのです。心の持ち方を変えなさい。実際にここに来て、聖地や聖者をよく見てください。きっとあなたは感動するでしょう。しかし、そんなに急いで世間を去ってはいけません。精神世界の道は決してバラ色の道などではありません。それは茨の道であることを忘れないように」

パラマーナンダは、このように何通かの手紙のやり取りの後、リシケーシに来てシヴァーナンダの弟子になりました。

5　布教――無私の奉仕の教え

最初の布教活動

一九三二年（四十五歳）、スヴァーミー・シヴァーナンダは、ウッタルプラデーシュ州やビハール州に布教の旅に出ました。彼の教えは、キールタンによって至福が得られるというもので、旅には常に楽器も一緒でした。彼は行く先々で神の名を歌い、そして踊りました。歌って踊るサードゥはあちこちで話題になりました。最初批判的だった人たちも、間もなく態度が変わり、一緒に歌いだすようになりました。彼は、汽車の中でも、船の中でも、どこででも、あらゆる機会に神の名を歌いました。また学校を訪れ、学生たちとも話し合いました。

そのうちに、より多くの弟子がシヴァーナンダと共にいることを望み、彼のもとで教えを受けるようになりました。その結果、今までのスヴァルガ・アーシュラムでは手狭になり、そこを去る決心をしなければなりませんでした。シヴァーナンダはスヴァルガ・アーシュラムの静かな雰囲気がたいへん気にいっていましたが、弟子たちのためには仕方がありません。

一九三四年の初頭でした。行く先もまだ決まっていないまま渡し船に乗りました。対岸に着くと、皆で住む場所を探し歩きました。シヴァーナンダに会いに来る多くの弟子たちのためにも、あまり長い時間をかけられませんでした。

最初の数日間、シヴァーナンダはラーマ・アーシュラムの図書館に住み、弟子たちは近くのダルムシャーラーに滞在しました。

アーシュラムの建設現場

やがて、もう使われていない牛小屋を見つけると、窓や壁を直し、そこに住むことにしました。彼らはこんな小屋でも十分すぎると思い、この小屋が見つかったことを神に感謝しました。結局、この小屋に八年間暮らすことになりましたが、本や紙類はシロアリに食われてしまうというようなありさまでした。
今日「ディヴァイン・ライフ・ソサエティ」として広く知られているシヴァーナンダ・アーシュラムは一九三六年に設立されました。アーシュラムの建物は、世界中の信者たちの献金によって建てられていったのです。献金はこの他にも、精神的なことを説いた小冊子やパンフレットのために、また、病気のマハートマやサードゥたちの薬代として使われました。
シヴァーナンダは外に出て弟子を探すということはしませんでした

が、一九四〇年までにアーシュラムの入居者は非常に増えました。他の人たちと同様に、シヴァーナンダ自身にもアーシュラムを維持していくために多くの仕事ができました。

この間、二百人にのぼる人をサンニャーシン*やブラフマチャリヤに導いたり、アーシュラムの滞在者のために「二十の大切な心の教訓」をつくりました。

一九四一年二月十八日（五十四歳）、シヴァーナンダが「パラマーナンダをアーシュラムの責任者とする」という書き置きを残して、アーシュラムから急に姿を消してしまうという出来事がありました。心配した弟子たちはガンジスの河原やジャングルの中を一所懸命に捜し歩きました。

シヴァーナンダは二、三日後、ジャグディシュプルという村に立ち寄りました。村人たちは、シヴァーナンダが自分たちの村に立ち寄ってくれたことに感激しました。二月二十四日、シヴァーナンダはジャグディシュプル村の信者たちを連れてアーシュラムに戻って来ました。弟子たちが何日も心配していたことを話すと、今回のことは、皆を試すために仕組んだものであることを告白しました。彼がいなくても、弟子たちがお互いに助け合いながら修行し、アーシュラムを維持できたことに非常に満足しました。

一九四二年にはパラマーナンダを布教の旅につかせました。

シヴァーナンダの教え

シヴァーナンダ・アーシュラムは驚くべき早さで発展していき、世界中から信者や求道者たちがやって来ました。弟子たちは彼らに、二、三年前までこの辺りはトラが出るようなところだったのだが、それをシヴァーナンダが今日の修行の場に変えたのだということを話しました。

また、ここでどのくらい修行すればよいのかという訪問者の質問に、シヴァーナンダは一生が修行であると答えています。

「あなたはここで他への奉仕を、愛することを、与えることを、純粋になることを、瞑想を、そして悟りを学びなさい。良くなりなさい、そして、善いことをしなさい。親切にしなさい。あらゆるものに同情しなさい。すべては一生涯を通して実践されなければなりません」

これは、今日、シヴァーナンダ・アーシュラムのスローガンにもなっています。

シヴァーナンダの著書は非常に分かりやすく、その内容も直接的で実践的なものでした。しかも彼の教えは普遍的で、特定の宗教や宗派に捉われないものでした。

カルカッタに、たいへんな資産を持つ実業家がいました。熱狂的なヒンドゥー教徒の彼は常々、キリスト教やイスラーム教に比べて、ヒンドゥー教がなおざりにされていることを快く思っていませんでした。ある友人に、どうにかしてヒンドゥー教を広めたいと思っていることを話すと、その友人はリシケーシにシヴァーナンダというスヴァーミーがいることを教え、一度会ってみるようにと提案しました。

カルカッタの実業家はシヴァーナンダに会いに来ると、ヒンドゥーの布教にだけ使うようにという条件をつけて巨額の献金を差し出しました。シヴァーナンダはしかし、この世のすべての人は神の子であり、すべての宗教をすばらしいものだと思っているということを伝え、カルカッタの実業家の申し出を断りました。

シヴァーナンダのアーシュラムの経営方法はとても不思議なものでした。アーシュラムの財政はいつも赤字と借金で成り立っていました。ある日、リシケーシの店主がやって来て、アーシュラムに貸している二万八〇〇〇ルピーを早いうちに返してくれないと、もう品物をもって来ないと言いました。

アーシュラムの会計を預かるスヴァーミーは、シヴァーナンダのところに行き提案しました。

「スヴァーミージー、アーシュラムの金庫が底をつきました。これからは出費を切り詰めていかなければなりません。古参の居住者だけを残して、あとの人には出て行ってもらってはどうでしょうか」

シヴァーナンダはまったくとりあいません。

「いいえ、それは絶対にいけません。神が彼らをここに送ってくださったのですから。必要なものは神がきっと与えてくれるでしょう。何の心配もありませんよ」

シヴァーナンダにそう言われても、財務を預かるスヴァーミーのほうは、神のご加護とやらがいつあるのやら気が気ではありませんでした。アーシュラムには何も買うお金がないのですから。

しかし、次の日に奇跡が起こりました。アムリトサル*に住むパンナラジーという信奉者が多額の献金をしてくれたのです。財務を預かるスヴァーミーはこの奇跡のような出来事に驚きました。

一九四九年七月十日には、シヴァーナンダ・アーシュラムの現総長でもあるチダーナンダ*や、現在アメリカで活躍中のサッチダーナンダがイニシエーションを受けました。

スヴァーミー・シヴァーナンダはまた、「汝の敵を愛せ。汝と同じように彼らも愛せ。害を与えられても、善い行ないで返せ。汝を軽蔑し迫害する者のために祈れ」というキリストの言葉の信奉者でもありました。

そして、この言葉を身をもって弟子たちに示す出来事が実際に起こりました。一九五〇年一月八日のことでした。その日、シヴァーナンダはいつもと違って、大きなターバンを巻いて夜のサット・サンガに出席しました。サット・サンガを行なっている最中、ゴーヴィンダンという男がホールに入って来るなり、いきなりシヴァーナンダの頭を凶器で殴りつけたのです。周りにいた弟子たちはびっくりして、何がなんだか分からないまま彼を取り押さえ、部屋に閉じ込めました。サット・サンガはそのまま続けられ、いつもどおりに終わりました。

サット・サンガが終わると、シヴァーナンダはゴーヴィンダンに会い行きました。弟子たちは、自分たちのグルを襲ったゴーヴィンダンを今にも打ちのめそうとしていましたが、シヴァーナンダは弟子たちをとめました。たまたま弟子のうちの一人が、ゴーヴィンダンは札付きの悪人で、今までにも何回も警察に逮捕された前歴があることを知っていました。しかし、シヴァーナンダは一向にゴーヴィンダンを叱りもしないし、警察に突き出すこともしません。反対に、シヴァーナンダは興奮している弟子たちに言いました。

「ゴーヴィンダンを叱ってはいけないよ。わたしたちの義務は、悪い人を正しい人に変えることなんだからね。だって、正しい人を善い人にする必要なんかないのだから」

シヴァーナンダは翌日、ゴーヴィンダンに生まれ故郷の南インドまでの切符とお金を渡し、「オーム　ナモーナーラーヤナーヤ」というマントラを毎日唱えることと聖典を読むことを約束させ、なにか必要なものがあったら連絡をするようにと言って、彼を送り出しました。

チダーナンダと語るシヴァーナンダ

シヴァーナンダは、著書と月刊誌を発行するため、アーシュラムに印刷機を購入しました。弟子のうちの一人がシヴァーナンダに訊ねました。

「アーシュラムは瞑想をするところなのに、グルジーはなぜアーシュラムに印刷機を入れたのですか」

シヴァーナンダは答えました。

「それは無私の行為をとおしてお前たちが早く進歩するようにだよ。しかも、世界中の大勢の求道者たちにたくさんの本を配れるからね」

シヴァーナンダはアーシュラムに来た人たちみんなに著書を無料で配りました。弟子たちは、読み書きのできない人たちにまでなぜ著書を配るのか理解できませんでしたが、「無学の者に配ることによって、彼らは読み書きのできる自分の子どもたちに何が書いてあるかを聞くことになります。そうすれば両方の勉強になるでしょう。あるいは、彼らは本を読める人や興味を持っている人にあげるでしょう」というのがシヴァーナンダのねらいでした。

シヴァーナンダはできるだけ多くの人たちに精神的な智慧を伝えたいと思い、一九六三年にマハー・サマーディに入るまで、三〇〇冊以上の本をエネルギッシュに書きあげました。

忙しい毎日なのに、どうやってそんなに本を書く時間を見つけることができるのですかという弟子の質問に対して、次のように答えています。

「毎日、あるいは二日に一度でもいいから、そのために一時間を割り当てるようにするんだよ。六ヵ月も経ったら、こんなにもできたかと驚くだろうよ」

「まず最初に、心のうちにそのための計画と方法とを考えておき、それから実際に進めるんだよ」

アーシュラムの出版担当者は、タイプするようにとノートを預けられても、なかなかすぐには戻せませんでした。このため、シヴァーナンダはたくさんのノートを持たなければなりませんでした。また、書きたいと思ったときにはいつでも書けるようにと、書斎に何冊かのノートを置き、オフィスにもまた何冊かを置いていました。ペンも何本か持っていました。メガネも、書斎に、棚に、オフィスにと、いくつも置いていました。これらを探すのに無駄な時間を使うことがないようにです。

ライトも、ベッドのすぐ側に、書斎の机の上に、くつろぐときに使う椅子の上にと何本かありました。たとえ真夜中であっても、よい考えが浮かんだらすぐに書き留められるようにしてあったのです。

かつて弟子の一人にこう言ったことがありました。

「わたしは書くことをやめることはないよ。眼が見えなくなるまで書き続けるよ。たとえ眼が見えなくなったとしても、きっとだれかに書き取らせるだろう。死ぬまで精神的な教えを広め続けたいと思っているよ」

シヴァーナンダは、文法に気を遣ったり、高度な文体で書き上げるというようなことはまったく考えていませんでした。彼の主な関心は、できるだけ早く精神的な智慧を広めるということにあったからです。

「わたしはお前たちが、短時間で最高の精神性を見いだしてくれることを信じているよ」とマドラスの弟子に書いています。

1950年代のグルデーヴ・クティール

シヴァーナンダは、書くという行為を通して奉仕をしていたのです。ペンは彼の武器ですが、それを優しく使いました。彼は厳しく批判したり、強引に説き伏せるということはせず、自らの精神的な深さと知的な説得力によって書いたのです。自分の教えを読者に伝えるためには、あらゆる文学的方法を取りました。詩、劇、手紙、エッセイ、物語、譬え話、金言、講演録など、神聖なる智慧を広めるために、あらゆる手段が取られたのです。使われる言葉もたいへん簡潔なもので、明快で分かりやすく、生き生きとしています。

熱心な求道者がシヴァーナンダに訊ねたとしましょう、「いま、わたしは何をしたらよいのでしょう？　明日の朝は何時に起きたらよいのでしょう？　スヴァーミージーは、わたしが何をするのをお望みなのですか？」と。

このような修行者にとって、シヴァーナンダの本は天からの恵みのようなものです。なぜならば、一〇〇％実践的なものだからです。

全インド・ツアー――奉仕の旅

大勢の人たちの精神的目覚めのために、霊的な智慧を広めるために、シヴァーナンダは十三人の古い弟子たちとともに、一九五〇年（六十四歳）九月九日から十一月八日にわたって、インド―セイロンへ布教の旅に出ました。

このツアーで移動した距離は八〇〇〇マイルにも及び、交通機関も、飛行機、自動車、汽車、馬車、牛車など、あらゆる手段が使われました。

またこの機会に、それまで手紙だけでやり取りをしていた若者たちと直接話をしたいという願いも持っていました。

ツアーでは、役人や一般市民や学生などには、アーサナやプラーナーヤーマや身体の浄化法などを教え、身心の健康を保つ方法を指導しました。民衆の前で、新聞社で、放送局で演説し、聖地では礼拝をし、信者の家ではサット・サンガを行ないました。汽車が駅に入ってくるとスピーカーからはキールタンが流され、パンフレットが配られました。駅では大勢の信者たちがシヴァーナンダ一行を待ち受けていて歓迎し、講演やキールタンを聴きました。シヴァーナンダは聴衆に挨拶し、駅そのものがそのままサット・サンガの会場になることもありました。

ツアーの途中、シヴァーナンダは高熱を出してしまい、次の予定を中止せざるを得ない状態にまでなったことがありました。しかし、シヴァーナンダは言いました。

「いいや、中止にはしないよ。さあ、すぐにでも出発しようよ」

歌い踊るグルデーヴ

次の目的地に着くと熱は下がっていました。シヴァーナンダは説明しました。

「大勢の人たちが熱心にわたしを待ってくれているので、それがわたしの中に高熱として現われたのだろうよ。わたしはいま彼らとともにいて、歓びを分かちあっているよ。熱はどこかに行ってしまったよ」

ツアーは熱烈な歓迎を受けて無事終わりました。ツアーの成功によって、さらに多くの人たちがアーシュラムに集まってくるようになりました。

一九五三年（六十六歳）、シヴァーナンダはアーシュラムにおいて世界宗教会議を開き、世界のすべての宗教はひとつであると主唱しました。

彼はその会議で演説しました。

「真実はひとつです。それをわれわれは異なった名前で呼んでいるにすぎません。すべての聖者や賢者の教え、すべての宗教や宗派の原理はみな同じです。それなのに、人びとは不必要な争いをし、大事なことを見失っています」

弟子の教育

「グルになるということは、神からの命令なのです」と、シヴァーナンダは"Voice of Himalayas"の中で語っています。

それでは、シヴァーナンダ自身は神からの命令を受けたのでしょうか。

その答えとしては、人びとへの奉仕という困難な人生を歩ませるために神がシヴァーナンダを目覚めさせ、自己放棄をさせたことから察すると、「神からの命令」はあったものと思われます。

実際、次のような形で「神からの命令」を受け取ったという明確なヒントを与えてくれました。

「わたしは自分の内奥からの声を聴きました、『シヴァーナンダよ、目覚めなさい。そして、お前の人生のカップを甘露で満たしなさい。それをすべての人に分け与えなさい。お前に強さとエネルギー、力と智慧とを与えよう』というものでした。わたしはその神の声に従いました。神がカップを満たしてくださり、わたしはただ分け与えただけなのです」

師として、教える者として、シヴァーナンダは自らの使命というものをはっきりと自覚していました。事実、魂に関する科学や精神的な修行という点においては、シヴァーナンダはだれよりも優れていましたし、最高の師といえる存在でした。

シヴァーナンダは、神が彼に命じたままに仕事をしました。弟子たちの父親に成り代わって世話をするという困難な仕事です。

クラスに来ない弟子がいると、彼を叱りました。

「わたしの身体はあらゆる病気を患っています。でも三時には起き、早朝の仕事を終え、ベルが鳴るのを待ちます。ベルの音を聞くとすぐに、バジャン・ホールに飛んで行きます。そのため時々、歩いている途中で目眩いを起こすこともあります。だから、あまり使うこともないのにいつも大きな杖を持っているのです」

このように優しく注意された弟子は、規則的にクラスに出るようになるのです。

シヴァーナンダは決して「わたしはお前のグルだよ」と言ったことはありませんでした。しかし、時々、「お前はわたしの弟子だよ」「彼はわたしの弟子です」と言うことがありました。

そして、古い弟子に次のような手紙を書いたことがありました。

「わたしはあなたを愛しい弟子として受け入れます。あなたに尽くし、あなたを導きます」

シヴァーナンダに「あなたを愛しい弟子として受け入れます」と伝えられた弟子は、もっと率直に自分の気持ちを伝えればよかったと思ったに違いありません。シヴァーナンダ自身もそれを望んでいました。シヴァーナンダの場合、師弟関係は弟子のためであって、自分のためではなかったのです。

シヴァーナンダはこのように、自分自身を手本として弟子たちを導きました。彼の人生はだれにでも開かれた本のようでした。弟子たちをはじめ、あらゆる人びとがシヴァーナンダを観察することによって、慎み深さ、質素な生き方、奉仕と祈りの毎日、キールタン、ガンジス河での沐浴、すべての人を礼拝する姿勢、いつも神のこ

弟子たちと（左からヴェーンカテーシャーナンダ、クリシュナーナンダ、チダーナンダ、サッチダーナンダ）

とを考えている人生、いつも絶やさないほほ笑み、世俗的なことに執着しない姿勢、「汝はそれなり」（ヴェーダーンタの教え）という精神等々、実に多くのことを学ぶことができました。

彼はしばしば人びとに語りました。

「わたしは休息をとることはありません。いつも活発に動いていているか、仕事をしています。あなたたちも自分の生活を、一生が修行者である、という気持ちで見直してみてください。毎日、毎時間、なにか新しいことを学んでくださ い。あらゆる人から学ぶことができます。その気になれば、この世のあらゆることから学ぶことができます。経験したことを軽く受け止めてはいけません。そこから何かを学んでください。どんなことからでも何かを学んで、しっかりと心に銘記してください」

シヴァーナンダはしばしば、瞑想には、奇跡的な近道や魔法のように簡単にできる方法などはないと語っていました。また、だらだらと行なったり、注意を欠いて行なっていたのでは、うまくいきません。

ゴールは、細心の注意をはらい、興味をいだいて実践している人に自然に訪れるのです。

シヴァーナンダは大声を発したり、怒りをあらわにしたり、人に嫌な思いをさせるようなことは決してしませんでした。たとえ、厳しい言葉が必要なときでさえも、叱った後は、すぐにおもしろいジョークやキャンディが与えられました。

シヴァーナンダはときどき、精神的目覚めのために、愚かさを気づかせるために、ショックを与えることがありました。それは、弟子が正しい道を歩めるようにと、どんなことに対しても情熱的なシヴァーナンダがとられた苦渋の選択だったのです。しかし、一度でもこの試練を通った人はとても純粋になるのです。

かつて、アーシュラムにヘビー・スモーカーのスヴァーミーがいました。ある日、彼はタバコを切らしていたため、注意力が散漫になっていました。シヴァーナンダはそのことに気がつくと、近くにいた弟子にタバコを買いに行かせました。タバコを買って来ると、そのスヴァーミーがいない間に彼の枕の下に置いておくように指示しました。

たまたまそれを見ていた弟子たちは、いつもの教えとは異なり、シヴァーナンダがどうしてそのスヴァーミーにタバコを買ってあげたのかと不思議に思いました。

しかし後で、シヴァーナンダがどうして自分が欲していたタバコをわざわざ買ってくれたのか、そのわけを知ったとき、そのスヴァーミーは自分を恥じ、自らタバコを断ちました。

そのとき、そのスヴァーミーははっきりと、精神的求道者にとって、自己をコントロールするということがいかに大切で必要なことであるかということを悟ったのです。

シヴァーナンダが弟子に対してとった効果的な方法は、時には甘く、時には苦く、時には祝福し、時には怒り、時には強烈に、時には心配させるというものでした。しかし、シヴァーナンダは、グル自身が実際に行なうとい

Y. V. F. A.の教授陣（シヴァーナンダの高弟たち）

うことがいちばん良い指導方法であると分かっていたのです。ディヴァイン・ライフ・ソサエティの記念すべき第一回の報告で、たいへんおもしろい弟子への指導方法が述べられています。

「俗世間を離れた七人の弟子がいました。彼らは一九三六年に完全な出家者として認められた弟子たちでした。彼らは、スヴァーミージー自身によって、あらゆるヨーガの行法で指導されました。このアーシュラムには、サンニャーシンやサードゥ、病人や他人に奉仕することによって修行者みずからが純粋になれる環境が整っています。慈愛、宇宙的愛、忍耐、適応、アートマン、その他さまざまなことを学べるたいへんすばらしい場です。若い人たちは奉仕と瞑想を一緒に行なうべきです。さまざまな修行がありますが、無私の奉仕を通して得られる実践的な知識が、求道者にとっては欠かすことのできない財産になります。クンダリニー＊・ヨーガを学んだり、クンダリニー＊を覚醒させようと思ってシヴァーナンダのところにやってきた求道者たちがいましたが、彼らが病気の人や年老いた人の世話をしなさいと言われたとき、唖然としてしまいました。最初、彼らはそれを聞いたとき顔をしかめましたが、後にはそのような奉仕が大切であることを悟りました」

「決められた方法によって心が純粋になったとき、クンダリニーは目覚めるのです。修行者は、アーサナ、プラーナーヤーマ、ムドラー、バンダ、集中、瞑想を学び、実践します。スヴァーミージーは彼らの疑問を明確にし、ヨーガやヴェーダーンタ哲学における難しい問題点を説明します。しかも、わずかな言葉でその要点を示してくれるのです。

スヴァーミージーは修行者たちを、その気質や才能や個性に沿って指導しました。スヴァーミージーは他のグルがするように、すべての人に同じ薬を投与するようなことはしませんでした。ヴェーダーンタの学生にはヴェーダーンタを講義しました。ラージャ・ヨーガ*を学びたいと思っている弟子にはラージャ・ヨーガを教えました。信仰の道を歩もうと思っている弟子にはバクティ・ヨーガ*を指導しました。瞑想の深い段階に達した弟子にはまったく他の作業をさせることはせず、ただ深い瞑想に入らせておきました」

「すべての弟子は、介護の仕方、病人の世話、薬の調合などを最初に学ばされました。四時にはラーマ・アーシュラムの建物内でみな一緒に瞑想を行ないました。ギーターやウパニシャッドの短い話があり、最後にスヴァーミージー自身によるサーダナや瞑想の指導がありました。そして、外部の人たちもこの学習には自由に参加することができたのです」

シヴァーナンダは実に多くの人たちをサンニャーシンに導きました。インドの宗教史上、これほどたくさんの人たちをサンニャーシンに導いた聖者は他にいないのではないでしょうか。男性も女性も、余命いくばくもない老人も、ようやく大人になりかけた十代の子どもも同じようにサンニャーシンに導きました。インド人はもちろん、外国人もサンニャーシンに導きました。世俗的な地位や責任を担っている人には、郵便や目には見えない精神的な支援でサンニャーシンに導きました。

シヴァーナンダはこれらの人びとの心を変え、俗世間で暮らしてもよいが、それに染まってはいけないことを

アーシュラムで事務を執るグルデーヴ

教えました。

　スヴァーミージーによってサンニャーシンに導かれた人たちの中には、時に道から外れ、不名誉な振る舞いをする人もいました。またあるときは、サンニャーシンの衣装を脱ぎ捨てて俗世間に戻り、結婚する人も現われました。

　人びとは、シヴァーナンダが若い人たちを大勢サンニャーシンに導きすぎたと批判しました。

　ある在家の人がシヴァーナンダに訊ねました。

「スヴァーミージーはほんとうに、こんな若い連中がアーシュラムの意義を理解し、アーシュラムのやり方についていけると思っているのですか」

　さらにこの男は、若いサンニャーシンが堕落するであろう例を挙げました。

　シヴァーナンダは優しく笑って言いました。

「どうしてそう思うのですか？　わたしはいくらでも成功した例を挙げることができますよ」

　そして、真剣な顔つきで付け加えました。

「すでに彼らはあなたの尊敬に値するまでになっていますよ。少なくとも一日はサンニャーシンになったのです。彼らは勇気を持って両手を挙げて言ったのです、『わたしは三界の快楽を放棄します』と」

　ある若者がサンニャーシンになって失敗したからといって、若いうちにサンニャーシンになることが適切では分かるでしょう。どうして年老いてからサンニャーシンになどなることができるでしょう。

ないと考えるべきではありません。事実、立派なサンニャーシンはみな、若いころに出家しているということが

シヴァーナンダという人

スヴァーミー・シヴァーナンダの身長は六フィート（約一八〇センチ）で、顔色は赤く、広い肩幅と長い腕を持っていました。頭や顔はいつもきれいに剃っていました。顔つきは子どものようで、狡さや図々しさというものはまったく見られず、眼も輝いていました。

多くの聖者たちの中でも、シヴァーナンダは他を圧倒するような存在でした。安らかさと若さの化身のようでした。声はとても力強く、よく響き渡りました。会議などでは、マイクを近づけようとすると「必要ありません」と断ることがしばしばでした。その大きな声は、何千という聴衆がいてもマイクなしに十分に届くものでした。

歩くときはまったく物音を立てませんでした。すべての行為が調和のとれたものでした。何かを語るときも、その言葉は安定していて自然で、飾りたてないために、かえって目立ちました。

シヴァーナンダの外見はとても質素なもので、額に派手な印をつけることもなく、もつれた髪の毛もあご髭もありません。首に数珠を巻くこともなく、耳飾りもつけません。着ているものも、天候から身体を守るに十分なだけの衣服で、一般社会においても通じるごく常識的なものでした。

一九五六年のある日、一人の年配の女性がシヴァーナンダに会うためにアーシュラムの事務所に入って来ました。スヴァーミー・シヴァーナンダは彼女に合掌をし、「オーム」を唱えて挨拶をしました。さらに席をすすめると、彼女の健康やここまでの旅の様子を訊ねました。

しばらく話をした後、シヴァーナンダは再び仕事にとりかかり、彼女のほうも静かに事務所を出て行きました。

そして近くの薬局に入ると、彼女はそこにいたアーシュラムの人に訊ねました。

「スヴァーミー・シヴァーナンダはどこにいるのですか？」

彼は驚いて言いました。

「スヴァーミージーは事務所にいらっしゃいますよ。あなたはいま、事務所から出てきたのではないのですか？」

「あそこに坐っていた、コートを着てメガネを掛けたあの人かい？　あの人がスヴァーミージーかい？　わたしはアーシュラムのマネージャーかと思ったよ！」

彼女は眼にいっぱい涙を滲ませると、再び事務所に入ってゆき、シヴァーナンダの足元にひれ伏しました。

スヴァーミー・シヴァーナンダは、決して偉ぶったり気取ったりすることはなく、どんな人とも気さくに話をしました。敬意のこもった言葉でだれにでも話しかけました。シヴァーナンダはタミル語はもちろんのこと、英語、ヒンディー語、マレーシア語など、実に多くの言語を学んでいて、いつも相手の母語で話すように心がけ、挨拶、ことわざ、詩、歌などを引いて、人びとを喜ばせたり、気持ちを和らげることに努めました。相手と同じ言語をあやつってとても上手に会話することができたのです。

シヴァーナンダは、どこかへ行くときにはいつも三つの袋を持って出かけました。一つ目の袋には精神的な本、もう一つの袋にはフルーツやお菓子、そして三つ目の袋には薬とハサミ、糸と針、ロウソクとマッチなどの実用品が入っていました。

シヴァーナンダは驚くほど気前のよい人でした。自分自身に与えるように他の人たちにも与えました。お金、衣服、食べ物、本、花など、実に多くのものを与えました——信者が布施してくれたものはすべて他の人たちに分かち与えました。

シヴァーナンダはまるで「収集・分配センター」のようでした。だれが何を必要としているかをよく知っていて、いつもふさわしい人にふさわしい贈り物が届くようにしていました。

一度、「スヴァーミー・シヴァーナンダ」と呼ぶ代わりに「スヴァーミー・ギヴァーナンダ（Give-ananda）」と呼ぶことにしようと決められたことがありました――シヴァーナンダは与えることに本当に喜びを感じていたのです。

シヴァーナンダは、供給というものは大いなる根源から来て、大いなるものに還っていくだけであるということを知っていたのです。物質的なことに関して悩むということはまったくありませんでした。彼は自分の生涯を通して、人に気前よく寛大にしたからといって破産することはない、ということを証明したのです。シヴァーナンダはいつも言っていました、「与えることで貧乏になってしまうことなど絶対にありえないよ」と。

シヴァーナンダはよく、道端でものを売っている人からフルーツやピーナッツ、アイスクリームなどを買ってあげていました。サイフをなくした巡礼者、刑務所から出てきた刑余者、毛布を必要としているサードゥ、学費を必要としている貧乏学生などは、シヴァーナンダが分かち与えることを心から喜ぶ人であるということを身をもって知りました。シヴァーナンダは、援助した人に負担をかけたり、困らせることはありませんでした。

シヴァーナンダは、人生というのは困難に満ちた忍耐の場であると考えていました。ツアーにおいても、汽車が停まるとすぐに、クーリーや信者が荷物持ちをしたりすることがないように、自分の頭の上にトランクや寝具を乗せて駅を出てきました。シヴァーナンダはよく、「自分でできることは自分でしなさい。謙遜さを持ちなさい。自分はグルであると思い上がったりしてはいけません」と言っていました。

シヴァーナンダはしばしば弟子たちに、自分は“SB40 (shoe beating 40)”という行をしていると語りました。

「人から讃美されたときや、誕生日などで祝福されたとき、部屋に戻ってから靴で自分を打つんだよ。『お前はいったいなにさまだ？　あさましい肉と血と排泄物でつくられているではないか。首飾りがほしいのか？　破れた衣装を着られるか？　自分のことを偉いだなどと思っていないか？　人びとにひれ伏してもらいたいのか？』と問いかけながら」

経験そのものがシヴァーナンダの偉大なグルでした。過去に体験したことや、今までに会った大勢の人たちを通してさまざまなことを学んだのです。

「放棄」はシヴァーナンダの特長を知るためのひとつのキーワードです。シヴァーナンダにとって「放棄」とは、〝エゴ〟〝わたし〟〝わたしのもの〟という想いをなくすことでした。それは執着することの放棄です。

アーサナを行なうシヴァーナンダ

シヴァーナンダの「放棄」に対する考えは、身体に苦痛を与えることではありません。シヴァーナンダはそれどころか、神の子としての人類に十分に奉仕できるようにと、いつも健康な身体でいられるように努めていました。

アーシュラムが活動しはじめたばかりの頃、シヴァーナンダは夜になるとよく、長い散歩に出かけていました。また冬になると、アーシュラムの中でバドミントンをしていました。しかし、仕事の量が次第に増えてきて、そのような時間が十分に取れなくなってきました。そこでシヴァーナンダは、テニスボールとラケットを買ってくると、リラックスしたいときなどは、壁に向かって数分間ボール打ちをして一人で楽しんでいました。その後で、他の仕事の準備に取りかかっていたのです。

年老いてからも、ベッドの上で簡単な運動をしていました。アーサナやプラーナーヤーマを欠かすことは決してありませんでした。こうして仕事のために、いつも健康を保っていたのです。


ある日、アーシュラムで訪問者と話をしているとき、シヴァーナンダはたくさんのノート・ブックやペンや時計を見せると、こう言いました。

「人びとは、サンニャーシンはこのようなものを持ったり使ったりすべきではないと思っているでしょう。しかし、わたしはそうは思いません。奉仕は行為です。人類の幸福のために、働いて、働いて、働くのです。身体と心はそのための道具として、快適で健康でなければなりません。わたしはちょっと変わったサンニャーシンかもしれません。奉仕することが大好きなのです。人びとは、サンニャーシンというものはいつも尊厳さに満ちていて、眼を閉じ背筋を伸ばして坐っているものだというイメージをもっています。また、そうすることで人びとに悟った人であるという印象を与えています。しかし、わたしはそのようなサンニャーシンとはまったく異なるタイプです。仕事そのものが瞑想なのです。これがわたしのやり方です」

プージャーを行なうシヴァーナンダ

スヴァーミー・シヴァーナンダは、『バガヴァッド・ギーター』第10章に書かれているヴィブーティ・ヨーガ（神の恩恵と神の現われに関するヨーガ）におけるもっとも偉大な、そしてもっとも身近な手本ともいえる方です。スヴァーミージーは、ラージャ、バクティ、カルマ、ジニャーナの各ヨーガと同等にこのヨーガを称讃されていました。シヴァーナンダの感動的な講義を聴いた人たちは、彼がどうしてこのヴィブーティ・ヨーガをもっとも強調されたのか、はっきりと知ることができました。ヴィブーティ・ヨーガは活動的なジニャーナ―バクティ・ヨーガでもあるのです。『ギーター』第10章の中では、クリシュナ神によってヴィブーティ（祝福と示現）の数々があげられています。シヴァーナンダはこれに少し付け加えられています。

かつて、アメリカの哲学者ドクター・トンプソンがシヴァーナンダに率直に訊ねたことがありました。

「スヴァーミージー、あなたは神をご覧になったことがありますか？」

シヴァーナンダは答えました。

「はい。わたしは神以外のものを観たことがありません。わたしが食べる食べ物の中に、わたしが飲んだ水の中に、わたしが会ったすべての人や動物の中に――そして、あなた、ドクター・トンプソンの中にもです。わたしは神以外の何ものも観ていません」

あらゆる人びとへの尽きることのない熱心な奉仕と、あらゆる苦悩から人びとを救うことによって、シヴァーナンダは自らの心に打ち克ちました。そして、すべての人びとに絶えず歓びと平和、生きる力と光とを放ち続ける精神的な人になったのです。ですから人びとは、シヴァーナンダを前にすると、癒しのヴァイブレーションや幸福感を与えてくれる光の放出を感じました。彼の容貌はすべてのものに、変化と高揚と浄化をもたらしました。

シヴァーナンダが発するオーラは、たくさんの不平不満を持って彼に近づいてきた人たちを沈黙させ、敵意を持った人たちも、彼の前に出るとすっかり敵意を喪失してしまいました。

そして、優秀な人たちや教育を受けた人たちがキールタンを歌うことを恥ずかしがる慣習がまだ残っていた時代に、シヴァーナンダは魂を揺さぶるような聖なる歌声を通して、すばらしい奇跡が起こることを実証したのです。大勢の人にとって、シヴァーナンダの歌を聴くことが癒しになりました。彼らは神の名を歌いはじめました。シヴァーナンダは神の化身のような方でしたので、彼に接した人たちはだれでも、神の愛の波動を受け取ることができたのです。

なんの精神性もなんの資格も持たずに集まってきた人たちを腕の中に抱き入れ、しかも、厳格な禁欲生活や組織的な修行を送ることなしに神聖なる人に変えることは、もっともすばらしい奇跡ではないでしょうか。

ヒマーラヤの麓、ガンジス河の河原の小さなクティールに坐って、世界の四方に神聖なる知識の光を放つことは、もっとも偉大な奇跡ではないでしょうか。

世界的規模の教え

シヴァーナンダは、英語が世界中でもっとも多くの人たちに通用する言語であることを認め、英語で考え、話し、書き、歌いました。しかしこれは西欧人ばかりでなく、西欧文明に追随して自分たちの古い文化や宗教に触れる機会を失っていた現代の若いインドの人たちにとっても有効だったのです。事実、彼らはシヴァーナンダの本を読んで、インドの精神的遺産に目覚めたのです。

シヴァーナンダは、彼が会った人たちの状況やレベルに合わせることによって、西欧人と西欧志向のインド人双方の知的好奇心をかき立てたのです。

シヴァーナンダ・アーシュラムでは、キリストはクリシュナ神同様に敬意を払われていました。西欧の人たちは、クリスマスにはシヴァーナンダから、キリストの誕生劇を演じるよう求められました。

また、「サーダナ・ウイーク」を設け、イースターやクリスマス休暇になると、世界中から熱心な求道者たちをアーシュラムに集め、厳しい修行を受けさせました。ジャパや瞑想、リキタ・ジャパ（写経）、ヨーガ・アーサナ、マウナ（沈黙の行）、奉仕活動など、丹念に計画されたプログラムが組まれました。シヴァーナンダや古い弟子たちによる講義も行なわれました。

「サーダナ・ウイーク」の参加者は、リシケーシに来たときよりもさらに心豊かになって帰って行きました。

6 最期——マハー・サマーディ

死の予告

シヴァーナンダは生涯を通して休みなく働きました。そして、シヴァーナンダ・アーシュラムとディヴァイン・ライフ・ソサエティの支部がインド国内はもとより世界各地に創られました。そこで多くの有能な弟子たちが修行をし、世界中にその教えを広めました。

「サンニャーシンになりたい人は、今度のシヴァラティの日にイニシエーションを授けます」という宣言がスヴァーミージーによってなされたのは、一九六三年最初のサット・サンガの席においてでした。

マハー・サマーディについて言及することが多くなったことからみても——とくに、彼が「シヴァラティの日に何が起こるかを知っている人はいるだろうか」とそっと付け加えたとき——多くの人が差し迫ったグルデーヴの死を予感しました。

一九六三年（七十六歳）五月の初め、スヴァーミージーは数日間にわたるテープ録音をはじめました。毎朝、数時間かけて自分の本やプリントされた資料を読み上げました。それは力強く感激的なもので、読み上げる声は

現在のリシケーシ：アーシュラム対岸の光景

尊厳さと神聖さとに満ち、あたりに響きわたりました。スヴァーミージーは身体への負担を気にもかけないで行ないました。

そして、二、三日おきに訊ねました。

「どのくらいやったのかね」

「もうどのくらい続けたのかい」

この間、一度こう言ったことがありました。

「見えていたものがだんだん見えなくなってくるよ、今のうちにお前たちの欲しいものを言ってごらん。聞こえていたものが聞こえなくなってくるよ、今のうちに言いたいことがあったら言ってごらん。言葉がだんだん不明瞭になってくるよ、今のうちに聞きたいことがあったら聞いておきなさい」

六月二十四日、急にシヴァーナンダの左半身が麻痺し、何日間か意識を失い、また何日間かは意識が朦朧とした状態になりました。それでもまだ本を書くという仕事は続けられましたが、もう自分では書くことができなくなり、弟子に書き取らせていました。そして、ある日、「本当の幸せは、個人という意識が神さまの中に溶け込んだときに来る……」

という言葉を書き取らせると、そのまま黙ってしまいました。

これがシヴァーナンダの教えを書き取った最後の言葉でした。その内容は、比類ないグル、シヴァーナンダの生涯の教えを要約した一言でもありました。そして、すぐにこの教えを自ら実践することになりました。数週間後に、シヴァーナンダはすべて神とひとつになったのです。

七月十二日、デーヴァキー・クッティという女性信者が、シヴァーナンダにペンと紙を渡しました。シヴァーナンダは書きました、「忘れてはなりません。覚えておきなさい」と。

その言葉の続きを書こうとしてノートを持ち上げようとしたとき、シヴァーナンダは「ポルン」と小さくつぶやきました。「ポルン」とはタミル語で「もう十分です」という意味です。

そして、シヴァーナンダは女性信者に語りました。

「忘れてはいけないよ……お前は女神であるということを……デーヴァキー・クッティではないんだよ」

七月十三日、医師がシヴァーナンダに、何日ベッドに寝ているか分かりますかと訊ねると、はっきりと二十日間と答えました。周りの人たちは、シヴァーナンダが半意識の状態であることなど信じられませんでした。

最後の日

七月十四日の夜、シヴァーナンダの熱が高くなりました。しばらくはわずかな水さえ飲めないような難しい状態におちいりました。弟子たちはいつものように、大麦湯を飲ませようとしました。シヴァーナンダはしかし、ガンジス河の水を飲みたいと伝え、運ばれてきたガンジスの水をコップ半分ほど飲みました。

十一時十五分、アーナンダ・クティール*において、偉大な聖者スヴァーミー・シヴァーナンダは安らかに「絶対なるもの」に還っていきました。長い距離を流れてきた大河の水が静かに大海に還っていくようでした。

シヴァーナンダが選び「絶対なるもの」に還っていったその時刻は、吉兆を示す神聖なる時刻といわれた時間帯で、太陽の進行が北から南へと移行する、たいへん貴重な天体の位置でした。

シヴァーナンダの身体はパドマ・アーサナに組まれました。呆然とし、涙に暮れる弟子や信者たちは、アーナンダ・クティールのベランダで、静かに「マハー・マントラ」を唱えました。アーシュラムの人たち一人一人が部屋に入り、何も語らなくなった最愛のグルに挨拶をしていきました。

次の朝、世界中の人たちは新聞やラジオを通して、この偉大な聖者がマハー・サマーディに入ったことを知りました。世界中から送られてくる同情やお悔やみの手紙で郵便局は大忙しでした。リシケーシ中の住人がアーシュラムにやって来ました。翌々日には、朝から一日中、シヴァーナンダの最後のダルシャン*を受けるために、信者たちがあちらこちらからやって来ました。

シヴァーナンダは今でも生きています。著書の中に、弟子たちの中に、信者たちの中に、リシケーシのアーシュラムの雰囲気の中に、今も生き続けています。

第2部　シヴァーナンダ・ヨーガ

スヴァーミー・シヴァーナンダとスヴァーミー・ヴェーンカテーシャーナンダ

序にかえて　著者　スヴァーミー・ヴェーンカテーシャーナンダの紹介

パルタサラティ（スヴァーミー・ヴェーンカテーシャーナンダの出家前の名前）は、一九二一年十二月二日、南インド・タンジョール地区のコイル・ヴェンニという小さな村に生まれました。父はシュリヴァーサン、母はラクシュミー・デーヴィー。たいへん憐れみ深い高貴な両親でした。

幼年期から少年期にかけては、生まれながらの神聖さを示すような出来事がいくつも起こったといいます。とくに、ティルパティ寺院のヴェーンカテーシャ神に対しては、子どもの頃から信愛と献身を捧げました。

パルタサラティが十二歳のとき、後に彼がグルとして神のように崇めることになるスヴァーミー・シヴァーナンダが書いた本に出合いました。

パルタサラティはやがて、デリーにおいてインド政府にたいへんな影響力を持つ秘書官の私設助手としての責任ある地位を得ましたが、そうしているうちにも、自己の内部から聞こえてくる精神世界からの呼び声が高まってきて抗しきれなくなるまでになりました。

出版物を通してのスヴァーミー・シヴァーナンダとの触れ合いは、その後、何通もの手紙のやり取りへと発展し、やがては仕事をどうにかやり繰りして、聖なるアーナンダ・クティール*へ定期的に訪れるようにまでなりました。

グルデーヴとじかに接したパルタサラティはそのすべてに圧倒され、世俗的な束縛のすべてを捨て去ることになります。約束されていた将来を捨て、聖なるグル、スヴァーミー・シヴァーナンダへの奉仕に生涯を捧げる決心をしたのです。

若いパルタサラティがスヴァーミー・シヴァーナンダの信奉者となったのは、一九四五年（二十四歳）のことでした。

彼は、精神的教えを全世界に広めるというグルデーヴ・スヴァーミー・シヴァーナンダの仕事に、自らのすべてを捧げるという強い決意を持ってアーシュラムにやってきました。事実、一九四五年の初めから息を引き取るまでの間、彼は人生のすべてをかけて、全身全霊を捧げてグルデーヴの使命のために尽くしました。

パルタサラティは、一九四七年九月八日（二十六歳）、グルデーヴの六十歳の記念すべき誕生日に、サンニャーシン*としての儀式を受け、スヴァーミー・ヴェーンカテーシャーナンダとなりました。

ヴェーンカテーシャーナンダは多芸多才な人でしたが、その偉大な才能はグルデーヴへの奉仕に捧げられました。彼はアーシュラムの精神的活動の中心人物の一人で、しばらくはグルデーヴの片腕のような時期がありました。

グルデーヴもたいへん信頼され、毎朝、ガンジス河のほとりにある自分の小さなクティール*から出ると、まず最初にヴェーンカテーシャーナンダの部屋を訪れました。そして、アーシュラムの出版物に関することやその他のことについて、相談したり意見を聴くために多くの時間を過ごされました。

ヴェーンカテーシャーナンダは、グルデーヴが一九五〇年に行なった、全国民を立ち上がらせ力強く奮起させた、あの「オール・インディア・ツアー」において、たいへん重要な役割を担った一人でした。このツアーによって、インド中の人びとは神聖な息吹きに触れ、精神性に目覚めました。

グルデーヴはヴェーンカテーシャーナンダについて次のように語っています。

「彼は、わたしの組織の輝ける王冠であり、光輝です。彼よりも輝いている人など、他にいるでしょうか！　彼は、わたしとわたしの組織において、たいへん力強く頼もしい存在です」

このツアーの間、ヴェーンカテーシャーナンダは、グルデーヴが各地で行なった講演での言葉を一言も逃さず書き残し、後に『シヴァーナンダ講演録―オール・インディア・ツアー』という大著を出版しました。

ヴェーンカテーシャーナンダは特に、アーシュラムの通信や手紙の部門で精力的に働きました。たとえ夜中であっても、ヴェーンカテーシャーナンダのお陰で、さまざまな資料を借り出すことができたのです。

アーシュラムでの彼の仕事は、グルデーヴが話したり書いたりしたことを記録することに捧げられました。来る日も来る日も、グルデーヴが強調されたメッセージや談話の編集に当たりました。おそらく、今日残っているグルデーヴに関する記録のほとんどは、ヴェーンカテーシャーナンダによってなされたものだと思われます。

グルデーヴに対する、一瞬たりとも休むことのない奉仕によって、グルデーヴの周りや組織に輝きをもたらせました。

彼は後に『グルデーヴ・シヴァーナンダ』を書き上げましたが、この作品は単にグルデーヴの生涯を紹介しただけではなく、ディヴァイン・ライフ・ソサエティの歴史の正確な記録でもありました。それはまた、たいへんな労力と根気を必要とした参考文献でもあります。

一九六一年（四十歳）、スヴァーミー・ヴェーンカテーシャーナンダはグルデーヴに指名され、南アフリカに赴任しました。その頃、スヴァーミー・サハジャーナンダに導かれた南アフリカ支部の信者たちは、自分たちがさらに熱中できるよう、ディヴァイン・ライフ・ソサエティの力強い精神的指導者を求めていました。ヴェーンカテーシャーナンダはそこでもすばらしい仕事を数多く成し遂げました。そのときの報告には、「ヴェーンカテーシャーナンダは南アフリカ支部の人たちすべてを感動させ、グルデーヴの教えの旗を掲げた」とあります。

南アフリカで何年か仕事をした後は、モーリシャス、マダガスカル、ヨーロッパの国々を回り、その後オーストラリアでの布教に力を注ぎました。

晩年はほとんど南アフリカで過ごしましたが、本を書いたり、哲学やヨーガ、聖典の編纂など、その地で再び精力的に執筆活動を続けました。

彼は五十冊以上の作品を残しましたが、それらは実にさまざまな領域に関するものでした。その中には、哲学、宗教、形而上学、倫理、自己啓発、精神的な修行、さまざまなヨーガ、グルデーヴの教え、比較宗教、心理学、そして、『ラーマーヤナ』*、バーガヴァタ聖典、『ヨーガ・ヴァシシュタ』、『ギーター』、『デーヴィーマハートミヤ』等の編纂があります。最後の作品は、ブッダの教えをまとめた『ブッダ―毎日の教え』というタイトルの本でした。

グルに対する最後の輝ける貢献は、十八巻にも及ぶスヴァーミー・シヴァーナンダ著作集のための下準備でした。そのうちの六巻は、シヴァーナンダ誕生百年祭を記念して、すでにオーストラリアのディヴァイン・ライフ・ソサエティ・フリーマントル支部において発行されています。グルデーヴに対してこのように見事に、そして大いに貢献した弟子は他に一人もいません。

ヴェーンカテーシャーナンダの偉大な魂は、一九八二年十二月二日（六十一歳）、南アフリカのヨハネスブルグにあるシヴァーナンダ・ヨーガ・スクールにおいてこの世を去りました。

リシケーシのアーシュラムでは、彼のために特別な式典が行なわれ、スヴァーミー・チダーナンダは次のように彼を讃えました。

「わたしは、わたしたちを置いて旅立っていった尊敬すべき兄弟、シュリー・スヴァーミー・ヴェーンカテーシャーナンダジー・マハーラージの聖なる思い出に敬意を表します。彼の母親は、わたしたちのことを『ラーマーヤナ』に出てくる兄弟にたとえて、年上のわたしをラーマ、彼をラクシュマナと呼んでいました。彼は比類ないほどの多芸多才な天才であり、年代記編纂者でした。わたしは、大いなる尊敬と敬愛を捧げ、最大の愛をもって礼拝したいと思います。彼は、子どもたち、同世代の人たち、年上の人たち、そしてすべての人に愛されるという天性の持ち主でした。彼は宇宙的存在でした。調和の中にいました。彼の知的な仕事や、インドの精神的文化の普及、世界中の人たちへのヴェーダーンタやヨーガの科学の教示など、だれも真似のできないものです。ヴェーンカテーシャーナンダはグルデーヴ亡き後、アーシュラムと俗世間の両方から、グルデーヴの提唱された『世界の目ざめの布教』においてもっとも頼りにされた人であり、もっとも貢献された一人でした」

（ディヴァイン・ライフ・ソサエティの出版物より）

あらゆるものの中に神が存在していることを自覚しなさい

1　理論と実践

ヨーガ・ヴェーダーンタ・フォレスト・アカデミー（Y.V.F.A.）

グルデーヴ・シヴァーナンダが「*ヨーガ・ヴェーダーンタ・フォレスト・アカデミー」（創設時はユニヴァーシティ）を創ろうという考えを持たれたとき、*スヴァーミージーの頭の中にはすでに一つのヴィジョンがあったのです。それは「理論と実践とが一つになったものを学ぶところ」というものでした。

ヒマーラヤ山脈の聖地*リシケーシに来られたならば、皆さんはきっと、光り輝くたくさんの魂と出会うことでしょう。

ここには、果てしない沈黙の行を続けている人たちや、自らの修行に専心している人たちが大勢います。彼らの多くが、自らの意思でさまざまな修行を行なっています。そして、ときには周りの人たちに教えを授けることもあります。

もし、だれかがここに来て、そのような人たちと一緒に暮らすことができたなら、*シャクティ・パトによって、その人もまた彼らと同じような光り輝く魂に到達できるかもしれません。しかし、それはその人次第ですので、必ずできるとは限りませんが……。

実践だけでは不十分

人は、身体を動かさず、背筋を真っすぐに伸ばして、ただ単に坐っていれば解脱できるというものではありません。動かなければよいというのであれば、ガンジスの河原の石にしても何千年もの間じっと動かないでいますが、その河原の石が解脱しているなどとはだれも考えもしません。

このことに関するエピソードがありますので、ご紹介しましょう。

一つは一九四六年にさかのぼります。当時、ガンジスの河岸も土手も今のようには開発されておらず、まだ階段も何もありませんでした。

今では郵便局になっていますが、河岸には当時、長いテラスのある建物があり、その建物でサット・サンガ*が行なわれたほか、オフィスや台所、食堂もあって、すべてのことが行なわれていました。

グルデーヴ*はそこで、早朝の四時十五分から六時まで瞑想クラスを指導されていました。ガンジスの右岸では毎朝この時間帯、かなり強い風が吹きます。そのため、グルデーヴは厚いコートとショールをターヴァンのように巻いて、いつも四時きっかりに部屋から出てこられました。

小さなクティ*ールから出てこられる悟りを開かれた聖者のお姿はとても感動的で、わたしたちはたいへん勇気づけられたものです。

アーシュラムにはそのころ、アンドラ・プラデーシュ州から来たというある修行者が滞在していました。彼はグルデーヴの瞑想クラスにはあまり参加せず、朝の四時になるといつも、勝手に近くにある大きな岩の上で、とても窮屈そうなポーズで坐っていました。

ある日、瞑想クラスが終わった後、グルデーヴとわたしたちが石のベンチに坐わって話をしているところに、先ほどの修行者が瞑想を終えてやって来ました。

　グルデーヴは何かおもしろいことを言われるときにはいつも片目をつぶってみせるのですが、このときもそうでした。

　グルデーヴはしばらくその男と話をすると、彼が毎朝四時から七時まで瞑想していることを皆の前で語り、いかにも彼を褒めたかのようにみえました。

　ところが、そのとき突然、グルデーヴの様相が一変しました。そして大きな声で言われたのです。

「みんな、彼のことをよく見てごらん！　なんと眠たそうにボーッとしていることだろうか。あなたはいったい、何をしていたのですか。ただ岩の上に坐って眠っていただけですか。瞑想やサマーディ*の本当の意味を知っていますか。それは、大いなるものに触れることです。感じることです。大いなるものに触れたとき、それがどんなに力やエネルギーをもたらしてくれるか、あなたには分かっていないようですね。あなたは、いつも深い瞑想を三時間も楽しんでいると言いました。それなのに、瞑想が終わったあと、あなたは眠そうなボーッとした顔つきをしているではありませんか。顔でも洗ってきてはどうですか！　あなたも一緒に水を運ぶのを手伝って、水桶をいっぱいにしてみなさい。そのとき、あなたにも本当のサマーディの意味が分かるでしょう」

　その当時、アーシュラムには水道も井戸もなく、わたしたちがガンジス河から水を運んできては、台所の水桶に溜めていたのです。

　サマーディというのは、ただ単にじっと坐っていればよいというものではありません。もしそうならば、ガンジスの河原の石はみな、サマーディに到達していることになってしまいます。

　二つ目はわたし自身が経験した話です。

一九四八年のある日、わたしは三時間ほどの間に、ガンジス河まで何度か下りていかなければならない用事がありました。そのとき、ほとんど裸に近いサードゥ*が、半眼の姿勢で樹の下に坐っているのを見かけました。

わたしは、彼はきっと偉大なヨーギー*に違いないと思いました。だから何時間でもじっと坐っていられるのだと。

ある日、突然、そのヨーギーは滞在していた寺院を出ていきました。後で聞いたところによると、彼は真のヨーギーなどではなく、ああして何時間もじっと坐っていられたのも、何かの薬の力によるものだということでした。

もし、長い時間じっと坐っていようと思ったけれど、うまくいかなかったとしたら、あなたはどうしますか。何もしないで、すでにその状態に達しているようなそぶりをしますか。あるいは、何か解脱への近道はないか見つけようとしますか。そのとき、だれかがやって来てこう言ったらどうでしょう。

「そんな無駄な時間を費やさないでも、この薬を一嗅ぎすれば本当のサマーディに入れるのに」

するとあなたは、もしかしたら他の修行者やグルも同じようなことをしているのではないかと考えるかもしれません。しかし、このような粗野な人たちの真似をすれば、あなた自身、彼らと同じになってしまいます。あるいは、どうしようもないタマスィック*な人間に陥ってしまいます。

ですから、ただむやみに実践するだけではなく、さまざまな知識も必要なのです。

聖者は時に、自身の持つ能力（シャクティ）をそれにふさわしいと思われる求道者（アディカーリー）に伝えることがあります。しかし、その資格（アディカーラ）がとても重要で、だれでもがその能力を受け取れるわけではありません。すでに機が熟した弟子だけが、悟りへの真の智慧を得ることができるのです。

しかし、まだその域に達していない多くの人たちや、もっと学問や理論を必要としている人たちのことも考え、グルデーヴは理論と実践との両方を教えるところとして「ヨーガ・ヴェーダーンタ・フォレスト・アカデミー」を創られたのです。

知識だけでも不十分

沈黙や瞑想を好む聖者は、理論的背景や哲学を語ることなどあまりありません。

一方、もしあなたがベナレスなどの聖地に行ったならば、哲学や宗教の講義をしている人びとを大勢見かけることでしょう。しかし、自ら説いている教えに沿った生き方をしている人は少ないものです。ですから、グルデーヴは彼らを特別に尊敬するということはありませんでした。

次の出来事がそのことを示しています。

オフィスでは、わたしたちの仲間が三人、いつもグルデーヴと一緒に働いていました。そのころはまだ仕事もそんなに忙しくなく、グルデーヴもわたしたちのために多くの時間を割いてくださいました。

ある朝早く、哲学を教授しているという男性がオフィスを訪れ、グルデーヴにこう訊ねました。

「スヴァーミージー、ひとつ質問があります。*ニルヴィカルパ・サマーディと*サヴィカルパ・サマーディとの違いを教えてください」

その質問は、わたしたち弟子にとっても、その違いを知るよい機会でした。なぜならば、だれも思いきってそのような質問をグルデーヴにすることができなかったからです。

わたしたちは仕事の手を休めて、グルデーヴがなんとお答えになるか、じっと耳を傾けました。まさに、それは百万ドルにも匹敵する質問でした。

グルデーヴはメガネを掛けると、教授を見つめ、こう訊ねました。

「もう、朝食はとりましたか？　お茶かコーヒーはいかがですか？」

教授は何か答えなければなりませんでした。

「それでは、お茶をいただきます」

やがて、お茶と果物と何冊かの本が運ばれ、教授がお茶とイディリ（南インドの軽食）を楽しんでいると、そこに教授の夫人がやって来ました。彼女はオフィスの中を一瞥すると、「いつまでわたしを待たせるつもりなの、ずっと待っていたんですよ！　さあ、行きましょう！」と言いました。

教授は静かに立ち上がり、頭を下げて言いました。

「もう行かなくてはなりません」

彼が立ち去るやいなや、グルデーヴは笑って笑って笑い転げました。でも、それはなんとも言いようのない優しさに満ちた笑いでした。

「教授はサヴィカルパ・サマーディとは何かという大切なことを知りたがっていたのに、奥さんに一喝されただけで、立ち去っていってしまったよ！」

この教授のようなタイプの人はどこにでもいるもので、『バガヴァッド・ギーター』*のわずか半行の講義で何時間も聴く者の耳を夢中にさせるくらい膨大な知識を持っています。それはそれでとてもすばらしいことです。グルデーヴはそういう人たちを愛し、その豊富な知識を讃えました。しかし、ただそれだけのことです。それ以上のことはありませんでした。

他にもまだおもしろい話があります。

それは、グルデーヴの全インド・ツアーでのことでした。グルデーヴは学者たちの前を通り過ぎるときにはいつも挨拶をするのですが、あるときベナレスで、ひとりの学者がグルデーヴにサンスクリット語で何か質問をしました（**訳者注：**インドでは今日、サンスクリット語はごく一部の人にしか通用しません）。

グルデーヴは彼を振り返ると言いました。

「Comment ca va, comment vous appellez vous?」

これは、グルデーヴが知っていたたった二つのフランス語だったのです。

その学者はグルデーヴの言葉を理解できませんでした。

わたしたちはお互い、意思の疎通を図らなければなりません。と同時に、どうすればよく伝えられるか、その方法も考えなくてはならないのです。理論も実践も、人から人へと伝えられていかなければなりません。人と人とは敵同士などではなく、友人なのです。他の人と共存できない人はとても空しいものです。

知識と智慧の伴わない実践だけの危険性

これはグルデーヴご自身がわたしたちに語ってくれたことですが、グルデーヴがリシケーシに来られたときに望んだことは、樹の下で坐わること、神の名を唱えること、ジャパ*をすることだけでした。これが、グルデーヴの望んだことのすべてだったのです。

グルデーヴはキールタン*がとても好きで、キールタンを行なわないではじめる催しものは何ひとつとしてありませんでした。どんな場合でも神の名が歌われました。だれかが病気になったとき、死にそうなとき、死んだとき、子どもが生まれたとき、結婚するとき、礎石を置くとき、建物を壊すとき、その他どんなときでもマハー*・

マントラが必ず歌われました。

もっとも古い弟子のひとりスヴァーミー・パ[*]ラマーナンダジーへ宛てた手紙のなかで、グルデーヴは、キールタンによってインドは変わるべきであるとも語っています。グルデーヴはその考えのとおり、スヴァルガ・アー[*]シュラムにいたときにはよく、サンキールタン[*]の集いのまとめ役のようなこともしていました。

また、ディヴァイン・ライフ・ソサエティ[*]がスタートする以前の話ですが、キールタンの集いを行なうために、キールタンの上手な人たちを何人か集めてグループをつくったことがありました。

しかし、グルデーヴはしばらくすると、キールタンにはエクスタシーと呼ばれるある種の危険性が潜んでいることに気づきました。人びとは跳びはね、踊り狂いました。ある種のエクスタシーがキールタンを通して得られることは間違いありませんが、そうすることがすべてではないはずです。

やがて人びとの間で権力争いが起き、一、二年のうちにキールタンに対するグルデーヴの心は変わってしまいました。

グルデーヴは言われました。

「サンキールタンだけを行なうのはあまりよいとはいえません。主情主義に陥る危険性があるからです。そこには智慧や知識もなくてはなりません。キールタンは神の名を歌うことであり、単なる音楽会ではないのです。大切なのは、キールタンは修行のひとつであるということです。わたしたちはそのことを正しく認識し、理解しなくてはなりません」

そして一年が過ぎたころ、グルデーヴはそれらをうまく統合したシステムを作り上げたのです。

このように、何かを実際に行なうということ、つまり実践は極めて重要なものですが、それは知識や智慧なしては成功しません。

知識や智慧は、あなた自身の助けになるばかりでなく、人を助けることにもなるということを知っておいてください。

Y.V.F.A.の目的

あなたがこのアーシュラムで学んだすべてのことを、他の人たちにも広めてください。アーシュラムの感想や印象といったものだけではなく、あなたがここで学んだ理論や哲学、実践的な知識をもです。

そして、それらを神に捧げるような気持ちで行なってください。これは、グルデーヴがいつも強調されていたことです。

あなたが持っているものはなんであれ、人に分け与えるようにしてください。ヨーガやヴェーダーンタ*の知識に関しても同じです。それによってあなたの心の中の消極性が改善され、考えや知識が純粋になるという、とてもよい方法なのです。

そうでないと、自分はとてもよく勉強をしてすべてのことを知っているという、単なる自己満足だけに終わってしまいます。あなたが口を開かないかぎり、だれもあなたの学んだことに異議をはさんだり、意見を交換したりすることはできません。

ときには、あなたの知識を笑う人たちもいるでしょう。自分はちっとも賢くなんかないんだということを、痛感させられるかもしれません。しかしそのことによって、自分はもっともっと学ばなくてはならないのだという、よい刺激にもなるのです。

グルデーヴはわたしたちに、ヨーガやヴェーダーンタの理論と実践との両方を学ばせるため、「ヨーガ・ヴェーダーンタ・フォレスト・アカデミー」をはじめられました。理論と実践との二つを共に学ぶのだということを忘れてはなりません。

「ヨーガ・ヴェーダーンタ・フォレスト・アカデミー」は、多くの人たちにさまざまな知識や教えを広く伝えていくために創られたものです。あるいは、ただの好奇心からやって来た人が、いつの間にか智慧のある人になっていることを願って創られたのです。

なぜなら、彼らはここ「ヨーガ・ヴェーダーンタ・フォレスト・アカデミー」で、自分たちが求めているものを実現するからです。また、自分たちの歩むべき道やゴールが何であるかを知るからです。

神と共に一日を始めなさい
そして、神と共に一日を終わりなさい
今日一日を神と共に生きなさい
これが真理への道です

2　グルとは?

アーチャーリヤとは?

グルというのは、「アートマン」[*]（真実の自己）に関して単に理論を教えたり実践の指導をする人のことをいうのではありません。そのような人はアーチャーリヤ[*]（教師、先生）と呼ばれます。

わたしたちはアーチャーリヤから、「アートマンに関する知」を学ぶことはできますが、それはあくまで「アートマンに関する知」であって、「アートマンそのもの」ではありません。もちろん、そのような知識もたいへん重要であり、もしそういった知識がなければ、間違った方向へ導かれてしまうことさえあります。

書物に記されたものが「アートマンそのもの」でないのと同様に、実践もまた「アートマンそのもの」ではありません。知識や実践だけで、「アートマンそのもの」にまで導けるものではありません。

しかし、これらの知識も、それを授けてくれるアーチャーリヤも、たいへん重要です。『ヨーガ・ヴァシシュタ』という聖典の中に、このことに関する興味ある話があります。

聖ヴァシシュタ[*]は言っています。

「アーチャーリヤは『アートマンの知』そのものを与えてはくれないが、アーチャーリヤなしでは『アートマンの知』を得ることはできない」

アーチャーリヤというのは「アートマンに関する知」や「自己実現に関する理論や哲学」を理解しているだけ

ではなく、実践の指導もしてくれますし、どのような実習がよいかを勧めてもくれます。そして、尊敬の念をもって接すれば、実践中に起こるさまざまな障碍を取り除いてくれることさえあります。

アーチャーリヤという言葉は、わたしたちが一般社会で普通に使っている、いわゆる「教師」という言葉とも少し異なるものです。ここでいっている「教師」というのは、どこかよそよそしく、打ち解けることもなく、教室の中を歩き回っては自分の不満などを吐き出すようにして言う人のことです。

インドには昔から、グル・クラ（グルの家）と呼ばれる、師と弟子とが一緒に暮らすシステムがあって、そこでは何のよそよそしさもなく、師から弟子へと知識や学問が伝えられたり、実践の指導が行なわれてきました。そこには、お互いの深い理解があると同時に、解放感のようなものもあります。これは、精神的なつながりが何もない、今日の学校や大学における「教師と生徒」の関係とはまったく異なるものです。

アーチャーリヤと弟子との関係

英語では生徒や弟子のことを一般には「student」と言いますが、「pupil」という言い方もあります。「pupil」という言葉にはまた、「瞳孔、ひとみ」という意味もあります。太陽の光のもとに出れば瞳孔（pupil）は閉じますし、反対に、暗いところに行けば瞳孔は開きます。これと同じことがアーチャーリヤと弟子との間にも起こるのです。

たとえば、もしだれかが聴衆を前にして銀行を襲う方法をあれこれ語ったならば、退屈などまったくしないでその話に夢中になるでしょう。しかし、「ウパニシャッド[*]の智慧」など語ろうものなら、瞳孔どころか、瞼さえ閉じてしまうのではないでしょうか。

つまり、アーチャーリヤが光り輝いていれば、もうそれ以上の光が入らないように弟子は瞳孔を閉じてしまいます。反対に、もしアーチャーリヤが暗く、おかしく、奇妙な人であれば、瞳孔はしっかりと開くのです。このことから、くだらないつまらないことのほうが、価値のあることよりもずっと簡単に吸収しやすいということが分かると思います。「pupil」とはそういうものです。

グルデーヴ・シヴァーナンダは、そのことをちゃんと分かっていたので、映画や劇場に行ったり刺激的な生活を送りたいという大衆心理や、若い求道者たちの気持ちをも理解していたのです。もし、彼らを無理やりヴェーダーンタの教室に入れたとしても、おそらく眠りこんでしまうであろうということは分かっていたのです。

そこで、グルデーヴはおもしろい方法を考え出されました。それは、ウパニシャッド*の中の対話や討論を、実際に演じてみせるというものでした。すると、いつもなら眠ってしまう彼らも、ウパニシャッドの教えが説かれると坐わり直し、どう展開していくのか、じっと見入っていたのです。これがグルデーヴの行なったとてもユニークな方法でした。その後、これらの経験をもとにして、だれでも参加したり試したりすることができる「ヨーガ博物館」が創られました。

わたしたちが依然として教える者と教えを受ける者との関係でいるかぎり、二人の間には、単に情報や知識（information）の伝達があるだけです。

“information”とは、あなたの中に（in）、ある形をつくりあげる（formation）という意味です。これら知識や情報の断片は、徐々にあなたの中に入りこんで形あるものになってゆきます。そして、あなたがその形に十分に満足してしまったならば、あなたは成功することはありません。なぜならば、あなたはその知識によって、あるイメージをつくり、自己実現に関して、そのイメージを真実として扱うようになってしまうからです。

もし、あなたが自分の中でつくられたこのイメージに夢中になったならば、人からさまざまな理論や教説が伝えられたとしても、自分のイメージに永遠にしがみついて、それから離れられないでしょう。あなたは一所懸命に自分勝手なイメージをつくりあげ、その中であらゆる変化に抵抗するようになります。そうしているうちに、やがてあなたは失敗してしまうでしょう。

しかし、この自分勝手なイメージがつくられたとてしも、それが単にアートマンについての知識だけだと悟ることができたならば、知識を求める段階は終わって、あなたの中に魂が入って智慧の人となるのです。そのときあなたの前にだれかが現れるでしょう。その人がグルなのです。

『イーシュヴァラ・ウパニシャッド』の中に謎めいたマントラがあります。

「無知」を崇拝する者は、地獄に堕ちる。しかし、「知識」を崇拝する者は、より恐ろしい地獄に堕ちる。

グルデーヴの弟子に対する考え

インドを旅していると、「わたしはお前のグルだ」と言って近寄ってくる大勢の人に出会うと思います。

しかし、グルデーヴはそのようなことは一度も言われたことはありませんでした。その代わり、時どきこう言うことがありました、「お前はわたしの弟子だよ」とか「彼はわたしの弟子だよ」と。

現在、このシヴァーナンダ・アーシュラムにいる年配の弟子たちの中には、グルデーヴから、次のような手紙をもらった人が何人もいると思います。

「わたしは確かにあなたを愛しい弟子として受け入れました。わたしはあなたに奉仕します。あなたを導きます」

グルデーヴに「わたしは確かにあなたを愛しい弟子として受け入れます」と言われたとき、あなたはきっと、グルデーヴに自分の気持ちをもっと率直に伝えればよかったと思うでしょう。それはグルデーヴが望んでいることでもありました。

グルデーヴ・シヴァーナンダに尊敬と崇拝を込めて、わたしはここで皆さんに言っておきたいことがあります。それは、グルデーヴは単に弟子を励ますつもりだけでこのように言われたのではなく、実際、心から本当にそう思っていたのだということを。

グルデーヴはまた「わたしはあなたに奉仕します」と言われていますが、グルが弟子に奉仕したり、弟子がグルの奉仕に支えられているなど、聞いたことがありません。

このことからも分かるように、グルデーヴは、グル・ビジネスなどとうの昔に捨ててしまっていたのです。グルデーヴは自分のことをグルだなどとは決して思っていませんでした。自分のことよりも、いつも弟子のことを考えていたのです。

そのときが来るまでグルは必要ありません

その人をグルだと思うのは弟子のほうであって、グルは弟子がどう思っているかを知る必要はありません。あなたが「あなたはわたしのグルです」と言うことはあっても、グルがあなたに「わたしはお前のグルだよ」と言う必要はないのです。

いつかあなたにも、ある聖者のところに行って「あなたはわたしのグルです」と言う日が来るかもしれません。しかし、それを言うときとは、グルから言われたことをきちんと行なえる準備ができたときであって、自分の精神性がある程度成長するまでは、公然と「わたしはあなたの弟子です」「あなたはわたしのグルです」などと言ってはいけません。

自分にそのときが来るまでグルは必要ありません。これはとても重要なことですので忘れないでください。さもなければ、さまざまなトラブルに陥ることになってしまいます。

たとえば、あなたがだれかに会いに行ったとしましょう。その人はあなたの背中をさすりながらこう言うかもしれません。

「おぉ、あなたの顔の周りから光が輝いているのが見えますよ。きっと三ヵ月以内に悟りに達するでしょう」

すると、あなたは気分をよくしてこう答えるのではないでしょうか。

「あぁ、あなたこそわたしのグルです」

しかし、その人があなたに「台所からミルクを取ってきなさい」などと命令したならば、あなたはきっと気分を害してこう言うでしょう。

「あなたはなんというグルなのですか。もうわたしのグルではありません。これで終わりにしましょう」と。

こんなことでは、ほんとうの師弟関係とは言えません。

全身全霊で弟子になりなさい

これは『ヨーガ・ヴァシシュタ』の中でも言われていることですが、グルデーヴもいつも「グルの助けなしには悟りを手に入れることはできません」と主張されていました。

しかし、グルになりたいと思っているスヴァーミーたちには、よくこう言っていました。

「気をつけなさい！　グルになんかならないほうがいいですよ」

一方ではグルを持ちなさいと言い、一方ではグルになどなるなと言うのです。これでは、グルは必要なのに、グルになる人などいなくなってしまいます。これでは混乱してしまいます。どうしたらよいのでしょうか。

グルデーヴは言っています。

「まず、あなた自身が弟子になることです。頭の先からつま先まで弟子になることです。そのときにこそきっと、グルに巡り会うことができるでしょう」

一九四七年のある日のことでした。そのころ、アーシュラムに南アフリカから来ていた若者が二、三ヵ月ほど滞在していたのですが、その男がオフィスにいるグルデーヴのところにやって来て挨拶をしたと思うと突然、泣きはじめたのです。グルデーヴはこれ以上はないと思われる愛情と思いやりを込めてその男を見つめました。

男は言いました。

「スヴァーミージー。わたしは今日、ここを出て行かなくてはなりませんが、アフリカに帰った後、どこに行ったらあなたのようなグルに会えるでしょうか」

するとグルデーヴの表情が急に変わり、意味ありげな茶目っ気のある微笑みを浮かべると、こう言いました。

「ほう、アフリカではグルを見つけられないと言うのかい」

グルデーヴは彼の眼をじっと見つめて言いました。

「いいかい、よくお聞き。グルを見つけることは簡単なことなんだよ。弟子を見つけることのほうがずっと難しいんだよ」

あなたがあるグルの弟子として生まれたのであれば、必ずその人に巡り会うことができるでしょう。

わたしたちは一九四四年にこのアーシュラムに来たのですが、そのときにはじめてグルデーヴ・シヴァーナンダやほかの人たちにもお目にかかりました。グルデーヴはなんとも言いようのない歓びや安らぎ感を放っていました。わたしたちは周りを見回しました。そこには、わたしたちが安らぎや幸福や繁栄になくてはならないと思っていたさまざまな物質的なものが皆無だということに気がついたのです。ほんとうに、まったく何もなかったのです。朝にいただく一杯のチャーイが天上の飲み物「アムリタ*」のようでした。

このような質素な生活をしているこの人たちが、どうしてこんなにも笑顔を絶やさないでいられるのか。どうして歓びを放っていられるのか。このような生活に導かせたものはいったい何なのか。わたしたちはとても不思議に思いながらも、少しずつ何かが分かってきました。でも、それは簡単に言い表わせるものではありません。そして、グルデーヴの眼を見たとき、この方は本当に悟りを得た人であるということが分かりました。それはもう、それだけでわたしたちをつつましやかにさせるのに十分でしたし、この方について行こうと思わせるのに十分でした。

真実は言葉では伝えられません。真実はいつも、言葉にはよらないものによって伝えられます。たとえば、わたしがいくら口ではあなたたちを怒っていると言ったとしても、本当に怒っていないのであれば、そのことは相手にも伝わります。反対に、だれかが怒りをおさえて微笑みながら何かを言ったとしても、怒っていることは分かります。

言葉によらないコミュニケーションだけが真実を伝えることができるのです。真実は言葉だけでは伝えられません。言葉による知識や情報に関することはアーチャーリヤの仕事です。言葉を使わないで真実を伝えるのがグルの仕事です。

霊的な面において、すべての人、あらゆるものを自分のグルのように尊敬することはもっとも大切なことです

（このことをうまく説明するのはとても難しいことですし、それを理解するのはもっと難しいことです）。これが完全なものになれば、あらゆる場面で、すべてのものがグルであるということに気づくでしょう。黄や赤の衣装を身に着けていようと、緑の衣装を身に着けていようと、グルデーブはいつもスヴァーミーでした。

いや、すべての人がスヴァーミーなのです。バガヴァン*なのです。女神なのです。こういう心境は、この訓練が完全なものになるならば、きっとあなた自身のうちに現われるでしょう。そのとき、宇宙全体があなたのグルになるでしょう。

人生は歌のようなものです　歌いなさい！
人生は旅のようなものです　成し遂げなさい！
人生は真理そのものです　明らかにしなさい！
人生はすばらしい機会にあふれています　活かしなさい！
人生は夢のようなものです　表現しなさい！

3　伝道の方法

言葉の限界

スヴァーミー・シヴァーナンダは、彼独自の哲学を生み出すということはありませんでした。そのかわり、ブッダやイエス、シャンカラやクリシュナなど、神の化身といわれる人たちによって伝えられた哲学や原理をよく教えてくれました。

なぜそうしたのでしょうか。

その理由は『バガヴァッド・ギーター』第4章の中に美しく説かれています。

sa kalene'ha mahatā yogo nasstah paramtapa (IV. 2)

このように、王仙たちはこの伝承されたヨーガを知っていた。

しかし、そのヨーガは、久しい時を経て失われた。

単なる時の経過が真実を弱める――これはたいへん単純なことですが、的を射た答えだと思います。

たとえば、あなたが自己実現を達成した人だとしましょう。そして、わたしが求道者としてあなたに会いに行ったと思ってください。あなたが自らの悟りの体験を言葉で表現しようと思っても、うまく言い表わせないことが分かるでしょう。

言葉というものは必然的に、二元的あるいは多元的な性質をもっています。ラーマナ・マハーリシ*（一八七九～一九五〇）はですから、ほとんどの時間、沈黙しつづけていたのです。グルデーヴもまた、むやみに人と議論することはありませんでした。

この沈黙について、聖ヴァシシュタ*は『ヨーガ・ヴァシシュタ』の中でラーマに次のような形で教えています。ラーマが聖ヴァシシュタにあることを質問しました。しかし、聖ヴァシシュタは黙ってしまいました。ラーマはさらに訊ねました。

「先生はわたしの質問に答えてくださらないのですか？　なぜ急に黙ってしまわれたのですか」

聖ヴァシシュタは言いました。

「わたしが沈黙したのは、おまえの質問に答えられないからではないのだよ。沈黙そのものが答えなのだよ」


たとえ悟りに達したグルであっても、自らの体験のすべてを言葉だけで表現することは不可能です。ですから、もしあなたがグルとの間に「言葉では言い表わせない教え」を学ぼうとする姿勢がないならば、そして言葉のうえだけでグルの経験を知ろうとするならば、言葉の背後にある貴重な経験のほとんどを知ることはできないでしょう。書き記されたものや、記憶として伝え続けられたものや、言葉で言い表わされたものは、聖者たちが経験したほんの一部にしかすぎないということを忘れないでください。

スヴァーミー・クリシュナーナンダ*が皆さんに何かを語ったとしても、それはスヴァーミージーの知っているもののすべてではないのです。経験したものすべてを語り尽くせるわけではありません。

ですから、あなたが立派なグルといわれる人を訪ねて行って、たとえいろいろなことを聞いたり学んだりしても、それは、その人の経験したもののほんの一部にしかすぎないということを知っておいてください。その背後には言葉では言い表わせないことがたくさんあるのです。

グルデーヴは単に講義するのではなく、日常の会話を通して教えるという、とてもすばらしい方法でわたしたちを導いてくれました。そして、その会話を記録している人たちに多くの勇気を与えました。

グルデーヴはわたしたちにいつも、会話や対話を書き留めておくように言われていました。わたしたちは会話のすぐ後であっても、また、しっかりと覚えているつもりでいても、実際にはほとんど忘れ去ってしまっていることに驚くことがありました(あるいは、それを恥ずかしく思ったといってもかまいません)。

賢い人ならばその教えをすぐに理解するでしょうし、そうでなくても、その教えの多くはきっと心に残ると思います。しかし、「心」というのは、理解できないものはどこかへ押しやってしまうという傾向を持っています。そして、二、三日のうちに完全に失われてしまいます。

クリシュナも語っています。

わたしはそれをヴィヴァシュヴァンに語り、ヴィヴァシュヴァンはそれをマヌに語った。

教えはこのように、言葉によって時代から時代へと伝えられてきたのですが、(この章の)最初に言ったように、時と共に失われてしまうことがあるのです。ですから、グルデーヴのような偉大な聖者たちは、同じ教えを伝え残していく必要があったのです。

情報や言葉は伝えていくことができます。

皆さんはベルトコンベヤーをご存じでしょう。ベルトコンベヤーに荷物を載せると、その上を流れていって、他のだれかが拾い上げます。これが「conveying」（伝達、運搬）です。言葉という荷物はこのベルトコンベヤーの上に載せられ、わたしたちの耳に入ってきます。そして心地よいものや必要なものは拾い上げますが、不愉快なものはそのまま流してしまいます。

しかし、情報にしても、言葉にしても、心地よいことだけを取り上げるというのは、もっとも危険なことでもあるのです。ですから、自分に都合のよいことや心地よいことだけを語ってくれるなどと期待してグルのところへ行ってはなりません。

心地よいことだけを聞きたいのならば、自分が聞きたいと思うことだけをテープに録音して家で繰り返し聞いていればよいのです。そうすれば、聞きたくないことは聞かないですむのですから。これが、ベルトコンベヤー・システムの第一の問題点です。

そして第二の問題点は、とても良いことや必要なものだからと思って拾い上げようとしても、流れが速くて拾い上げられず、逃してしまうこともあるということです。

何度も何度も繰り返して習う必要がある読み書きや算数を学ぶときには確かに、再三かならず戻ってくるベルトコンベヤーのようなシステムが必要かもしれません。

しかし、精神的な教えの伝えられ方というのは、ベルトコンベヤー・システムとはまったく異なるものです。それはいつも、言葉ではないもので伝えられるのです。

とくにグルデーヴの場合は、「フーム」と言われたり、ほほ笑みかけるというしぐさがとても多かったのですが、いま思うと、これらのしぐさは、注意をうながすことであったり、何か意味を持っていたのです。グルデーヴが伝えたい本当の「教え」は、むしろ、そのようなしぐさのなかにあったのです。しかし、こういったしぐさのようなものは書き留められることはありません。

これが、古代の聖者たちが、読んだり聞いたりするだけではなく、実際にグルのもとに行き、その足元に坐わらなくてはならないと強調した理由なのです。

たとえ言葉が交わされなくても、さまざまなことが起こります。なぜならば、そこには「言葉では言い表わせない教え」があるからです。

グルと弟子との波長が同じになったとき

教えは、グルと弟子とが「ひとつ」になったときに伝えられます。グルと弟子とが同じレベル、同じ波長になったときに、弟子はグルの言葉なしにその教えを学ぶことができるのです。

ここに、とても有名なダクシナムールティ*の話があります。

昔、四人の年老いた偉大な聖者がいました。彼らは、自分たちはまだ最高の境地にまで達していないと思っていました。まだわずかな迷いと不安があったのです。

彼らは自分たちの迷いを解決してくれ、究極の安らぎを与えてくれるグルを求め、あちらこちら巡り歩いていました。そんなある日、バーニヤンの樹の下で静かに坐っている若者に出会いました。聖者たちは強く魅かれるものを感じ、砂鉄が磁石に引き寄せられるように、その若者に近づいていきました。

若者は裸に近いすがたで坐っていました。聖者たちも近くに坐わり、彼を見つめました。若者は一言もしゃべりませんでしたし、聖者たちも何も質問しませんでした。しかし、すべての迷いが嘘のように消えていったのです。

なぜそうなったのかというと、若者も聖者たちも、みな同じ波長の上にあったからです。同じ波長にあるということは、あなたのほうの準備が確実に整ったということです。そして、自分に縁のあるグルに対して、あなたの心はごく自然に、自発的に応えるのです。

たしかに、あなたの受信器はグルの送信器のように強力で優れたものではないかも知れません。しかし、あなたがグルと同じ波長にあるということは、基本的にグルと同じレベルにあるということなのです。

グルのところに行きなさい。そのとき「教え」は伝えられるのです。あなたは立派に輝き、それに応えることでしょう。

スヴァーミー・シヴァーナンダは、このことについてはエキスパートでした。彼はだれの弟子であってもこだわりを持たず、どんな求道者たちにも奉仕し、彼らを導いていました。

以前ここに、あるスヴァーミーがいました。彼はシヴァーナンダの弟子などではなく、まったく別の団体に属していました。彼はわたしたちとはどこか違っていましたが、グルデーヴはわたしたちの仲間のひとりとして同じように扱っていました。このシヴァーナンダ・アーシュラムに彼のグルがやって来たときには、グルデーヴはいつも彼に言っていました、「行きなさい。行って、あなたのグルに奉仕しなさい」と。

皆さんは、アメリカで活躍しているスヴァーミー・サッチダーナンダ*という偉大なヨーギーの名前を聞いたことがあると思います。

彼はこのシヴァーナンダ・アーシュラムに何年か滞在した後、布教のためセイロン（現スリランカ）に行きました。

あるとき、ボンベイから、スヴァーミー・サッチダーナンダを信奉しているという若者がやって来ました。グルデーヴは彼をサンニャーシン*として導き、その儀式も授けました。しかし、サッチダーナンダがセイロンからアーシュラムに帰ってくるたびに、グルデーヴは彼に言っていました。

「あなたのグルがお帰りになったよ。行って、一所懸命に奉仕しなさい」と。

このように、だれかがこのアーシュラムにやって来て滞在し、しかもスヴァーミー・シヴァーナンダからイニシエーションを受けたとしても、心の中で、他のグルなり聖者なりを信奉することは可能なのです。グルデーヴ・シヴァーナンダは、このことを嫌がったり反対したりすることはまったくありませんでした。

グルデーヴは求道者たちに対して、健康に気を配り、衣・食・住など生活面での奉仕もたいへん喜んでされていましたが、精神的な教えについては、自分のグルからきちんと指導を受けるようにと言われていました。

たとえば、シヴァーナンダの弟子でありながら他の人を信奉している人もいますし、反対に、ほかにグルを持ちながら理論的なことについてはシヴァーナンダを信奉しているという人もいます。グルデーヴはどちらもすばらしいことだと言われていました。なぜならば、グルデーヴは彼らが同じ波長の上にあることを分かっているからです。そのようなところに「教え」は起こるのです。

ヴェーダーンタ哲学*には、この「教え」をより深くするために、アディカーリ・ヴァーダと呼ばれているものがあります。それは、わたしたちがグルのもとに行く前に、整えておかなくてはならない四つの準備です。

その四つとは、ヴィヴェーカ、ヴァイラーギャ、シャトサンパト、ムムクシュットヴァで、サーダナ・チャトゥシュタヤ（四つの修行）ともいいます。そのことが『カタ・ウパニシャッド』の中に少し簡略化されて述べられています。


目覚めなさい。立ち上がりなさい。慎重になりなさい。

それから立派な聖者のもとに行き悟りを得なさい。

ヴィヴェーカ（識別智）、ヴァイラーギャ（離欲による平静さ）、シャトサンパト（六つの神性さ）、ムムクシュットヴァ（解脱への熱意）の四つは、内なる目覚めが起きはじめた兆候と見なされています（悟りそのものではなく、あくまでもそのことに目覚めはじめるという意味です）。

古代インドでは、解脱した人は一般社会からある程度の距離をおくものとされていました。物理的な側面もあるかもしれませんが、明らかに精神的な面に関してのことだと思います。

したがって、内なる目覚めを体験した求道者だけが真に解脱した人を見分けることができるのです。悟っていると自ら主張しているような現代のヨーギーたちには、見分けることなどできないでしょう。

グルデーヴの誠実さ

わたしが今までにお会いした大勢のスヴァーミーや聖者たちの中で、自らの知識をひけらかさなかったのは、グルデーヴ・シヴァーナンダだけでした。それはグルデーヴの大きな特性ともいうべきものでした。

もしあなたが大勢のヨーギーやスヴァーミーたちに、「冬の冷たいガンジス河で沐浴できますか」と質問したならば、おそらく、「ええ、できます。太陽が昇った後か、身体にオイルを塗ってからならば、ガンジス河にも入れます」という答えが返ってくるのではないでしょうか。

あるいは、ヴェーダーンタ哲学を長々と語りはじめるかもしれません。「あなたは肉体だけの存在でも心だけの存在でもありません。あなたは永遠の存在です」と。しかし、冷たいと感じるのは「永遠の存在」などではなく、いまのこの肉体であり、心なのです。

わたしは、このような知識をひけらかす答えをグルデーヴからただの一度も聞いたことはありませんでした。グルデーヴは、ある種の宗教的教訓を押しつけることよりも、弟子たちの肉体的・精神的な幸福のほうに、より大きな関心を持っていたのです。

グルデーヴは、古代インドから行なわれてきたような、一般社会から距離をおいて、精神的な教えの中に隠れてしまうというようなことは決してしませんでした。他の人たちと違って、世間から離れて洞窟に住むということもしませんでしたし、わざと無知な人のように振る舞ったり、変人のふりをして社会を欺いて暮らすという、ウパニシャッドの古典などにいわれているようなこともしませんでした。

聖者たちが、内なる目覚めを体験した求道者がやって来るのを待つことは、インドでは伝統的に行なわれてきたことです。そのような求道者はとても慎重で熱心であり、多大の犠牲（お金ではなく、時間とエネルギーとにおいて）を払って聖者たちのところに行き、その教えを授かったのです。

スヴァーミー・シヴァーナンダも、この古くからの伝統を大事にしていました。しかも、会いに来た人たちに身体や心に関することもよく訊ねていましたので、彼らはグルデーヴの愛情や優しさをを忘れることはなかったようです。

「息子はどうだね」

「娘さんはどうですか。もう結婚しましたか」

「近ごろ仕事のほうはどうですか」

「身体の具合はいかがですか。よく眠れましたか」

これらがグルデーヴの主な関心ごとだったのです。

そして、このように絶対的な愛や優しさを示してくださったとき、あなたとグルデーヴはひとつになるのです。

これがグルデーヴの不思議な魅力でした。

「言葉では言い表わせない教え」を伝えることは、それほど難しいことではありません。しかし、伝える相手に、知識も平静さも、人間性も悟りへの熱心さも何もないならば、「言葉では言い表わせない教え」は伝わりません。

弟子の心構え

ヨーガにおいて、弟子の心構えはとても大切な要素の一つです。たとえあなたがどんなに高性能なラジオ受信器を持っていたとしても、電気が通じていなければ受信することはできません。同じように、あなたの心に「アートマンの知」を受け入れる準備ができていなければ、だれであってもどうすることもできません。たとえクリシュナ神やブッダやイエスがあなたの前に立って語りかけたとしても、なんの印象も感動も得られないでしょう。不純な心では「言葉では言い表わせない教え」を受けることはできません。たとえ言葉で教えが伝えられたとしても、不純な心では、それをねじ曲げて理解したり、誤解したりすることでしょう。スヴァーミー・シヴァーナンダは、この点においてもとてもユニークでした。

グルデーヴはよく言われていました。

「このような現代社会の中では、悟りへの智慧や平静さを求めている人たちを期待することは難しいでしょう」

デリーの賑やかな市場のようなところでさえ瞑想はできる、と理屈をこねるのは簡単ですが、実際に行なってみれば、それがいかに難しいことか分かります。たとえ耳栓や目隠しをしたとしても、その場の雰囲気が精神的なものでないのなら、瞑想をしてみたところで、結局は時間の浪費に終わってしまいます。

グルデーヴはそのことをよく分かっていましたので、目覚めにはほど遠いような人でも喜んで受け入れ、アーシュラムで修行することを許したのです。

アーシュラムには、人生に失望して進路を見失ってしまった人たちも大勢やって来ました。そのころ、「もし試験に落ちたり事業に失敗した人を探しているならば、シヴァーナンダ・アーシュラムに行ってみるといいよ。きっとそこにいるから」というジョークさえあったくらいです。

実際、失望した人たちがよくここにやって来ましたが、グルデーヴがしたことは、まず彼らを受け入れることでした。それから彼らを目覚めさせるためのさまざまな指導を行なったのです。

ひとつ例をあげてお話しましょう。

あるとき、好きな娘との結婚を家族に反対されたという若い男がやって来ました。ここに来たのは、リシケーシに住んでいる友人から、シヴァーナンダ・アーシュラムに行ってはどうかと勧められたからでした。

その男から話を聞いた後、グルデーヴは言いました。

「わかりました。ここにいなさい。ところで、君は何ができるのかな」

男は答えました。

「ここをきれいに掃除することくらいしかできません」

彼は後に立派なヨーギーになりました。

またあるとき、真実の自己を求めてではなく、家庭や社会からただ単に逃れたいという理由だけでアーシュラムにやって来た粗暴な男がいました。彼はスヴァーミー・シヴァーナンダの弟子と呼ばれるような存在ではなく、通常ならば師弟の間に起こるようなことも何ひとつ起こりませんでした。識別智もなく、離欲心もなく、あらゆる種類の教えに必要な素質もなく、ただ粗暴な人というだけでした。その彼が、今では少しずつグルデーヴの足元に近づいています。

大切なのは、そうなっていく過程において、グルは弟子に愛情を注ぎ続けなければならないということです。彼はきっとこう思ったでしょう、「わたしがとても重要な人物だから、シヴァーナンダはミルクやフルーツを持ってきたりして世話をやいてくれているのだ」と。

それに対して、ほかの弟子や信者たちは嫉妬しました。グルデーヴは、このような新しく来た人も古くからいる弟子も、すべて同じように必要な人として、大切な人として、素晴らしい人として受け入れていました。しかし、そのことがグルデーヴにさまざまな問題をもたらす結果となったのです。

グルデーヴはよくこう言われていました。

「彼がどんなに意地悪しても気にしてはいけないよ。アーシュラムに連れて来て安楽地を与えることによって、少なくともデリーから悪者が一人減ったことだけは確かなんだから」

これがグルデーヴの哲学でした。

「多くの人がここにやって来ては、少しずつでも心を開いてくれたよ。少しでも心を開いてくれたならば、それによって学ぶということが起こるんだよ。彼をここにいさせておやりよ。わたしが彼の中に種を播くから。そうすれば、いずれ、あるいは何年か後には芽が出るだろうよ。それが今世でも来世になっても構わないじゃないか」

これがグルデーヴの本心だったのです。

この点でも、グルデーヴは他の多くのグルたちとは違っていたと思います。他のグルたちならばきっとこう言うのではないでしょうか。

「人徳も長所もなにもないならば、アーシュラムに滞在することを許すことはできません。そのような人は精神的なものを求める弟子としてふさわしくありません」

これに対して、グルデーヴは次のように言われています。

「この世界で、アーシュラム以外のところで徳行や美点や高潔さを得ることはとても難しいでしょう。グルというのは、求道者のうちに美点や高潔さといった徳行を目覚めさせなくてはなりません。求道者にそれらの種子を播き、育てなくてはなりません。しかも、何も期待することもなく」

これがグルデーヴのすばらしさだと思います。グルデーヴはわたしたちに「善」という種子を播いてくれました。そして、それらに栄養を与え、水を与え、りっぱに育ててくれたのです。

その結果、グルデーヴには実にたくさんの問題やトラブルが降りかかってきましたが、まったく気にしませんでした。グルデーヴとはそういう方でした。

健康に注意を払いなさい
毎日のアーサナやヨーガの実習を軽視してはいけません

4　種子を播くこと

積極的に精神的火種をつける

スヴァーミー・シヴァーナンダは、サーダナ・チャトゥシュタヤ（四つの修行）を、最高かつ必要なものとして考えていました。サーダナ・チャトゥシュタヤとは、識別智・離欲による平静さ・六つの神性さ・解脱への熱意の四つです。

ほとんどのリシや聖者は、さまざまな準備がすでにできていたり、自分自身である程度修行を積んでいるような、機の熟した求道者がやって来るのを待ちます。

しかし、スヴァーミー・シヴァーナンダは、いろいろな娯楽や誘惑がすぐそばにある現代社会において、識別智や平静さを伸ばしていこうと思っている人たちを求めるのは難しいと考えていました。

グルデーヴは言われています。

「ものごとに失敗したり、失望して逃げ出したような人であっても、もう一度火種を見つけ、それを煽り立てることによって大きな炎にすることができるのです」

そして、火種が見つけられない場合には、グルデーヴ自身が火をつけてあげることもありました。これがスヴァーミー・シヴァーナンダという方の比類ないすばらしさだと思います。

グルデーヴが点じた火種のひとつに、「精神世界に関する知識の大規模な普及」がありました。それはたいへん積極的に、かつ、なんの差別もなく行なわれました。

スヴァーミー・シヴァーナンダは精神世界に関する知識を広く普及させるために、著書やパンフレットを一つ一つ願いを込めて配っていました。それを受け取った人が、もっとも適したときに、ほんとうのヴィヴェーカ（識別智）や生きがいに火をつけることを願ってです。
二、三、例をあげましょう。

グルデーヴはたくさんの著書を、信者や信者以外の人たちにも無料で送っていましたが、受取人の中にはウィンストン・チャーチルやトルーマン大統領、マーシャル・スターリンなども含まれていました。

あるとき弟子のひとりが、「スヴァーミージー、この人たちに本を送ったとしても、手元には絶対に届かないと思いますよ」と言ったところ、グルデーヴは次のように答えました。

「そんなことを気にしてはいけないよ。本は小包にして送るのだから、ちゃんとロンドンやワシントンやモスクワに届くでしょう。そうすれば、だれかが小包を開けて読んでくれるでしょうから」


他にもおもしろい出来事がありました。

ある日、役所から手紙が届いたことがありました。手紙の冒頭には、役所の課長の氏名と住所が書かれていました。するとグルデーヴはすぐに、

《神の祝福がありますように！　尊敬と愛とオームを込めて
シヴァーナンダ》

と著書にサインをして、課長の住所宛てに送りました。また、その名前を『ディヴァイン・ライフ・マガジン』（アーシュラムが無料で出している定期刊行物）の送付者名簿にも登録したのです。

こうして課長のもとには、グルデーヴの本が送られてきました。しばらくすると、『ディヴァイン・ライフ・マガジン』も送られてきましたが、彼はおそらく、本や雑誌を読まずに、どこかに捨ててしまったのでしょう。翌月もまた雑誌が送られてきました。そこで課長は、シヴァーナンダ・アーシュラム宛てに、次のような厳しい内容の手紙を秘書に書かせ、送ってよこしたのです。

「本や雑誌を送るなどして無駄な時間を使わないでください。わたしはそういったたぐいの本は好きではありません。そんな本を見ている暇はないのです」

この手紙を受け取ったグルデーヴは、残念そうに言われました。

「分かりました。この方はこのような本を望んでいないのですね。仕方がありません。マガジンの送付者名簿からこの方の名前を除きましょう。無理に押し付けるつもりはないのですから」

この話はこれで終わったわけではありません。実は後日談があるのです。二年後、その課長がグルデーヴに次のような内容の手紙をよこしたのですが、それはわたしたちをとても感動させるものでした。

「わたしは今から二年前、あなたから本を送って頂いた者です。その当時、わたしは権力のある高い地位に就いていたせいでしょうか、とても傲慢で横暴だったような気がします。せっかくあなたが本を送ってくださったのに、読まずに捨ててしまいました。あの後わたしはすぐに失脚してしまいました。やがて仕事も財産も失い、なにもかもが悪い方向へ進んでいきました。すべてを失ったわたしは自殺しようと思い、書斎の中に入って行きました。とても憂鬱な気分で坐っていたのですが、ふと見上げると“Sure Ways for Success in Life & God-realization”

という本が眼に入り、わたしはほとんど無意識のうちにそれを取り上げていました。ページを開くと『けっして失望してはいけません』という言葉が眼に入ってきました。わたしは二年前にあなたからこの本を送ってもらい、無神経にもそれをゴミ箱に捨ててしまったことを思い出したのです。しかし、幸運なことに掃除夫がそれを見つけ、誤ってゴミ箱の中に落ちたのだろうと、気を利かせて本箱に戻しておいてくれたのです。そのことをわたしはまったく知らなかったのです。今では、その掃除夫にとても感謝しています。あなたにもとても感謝しています。あなたの本がわたしを救ってくれたのです」

彼はそれからすばらしい余生を送りました。

これがグルデーヴのやり方でした。実に多くの人びとに著書や雑誌、パンフレットが送られたにもかかわらず、ほんのわずかな人だけにしか利用されなかったのではないかと、わたしは思っています。しかしそれは、いつかどこかで、だれかの「心の中の共鳴」という導火線に火をつけたに違いない、とも思っています。

このようなことを考えると、グルデーヴ・シヴァーナンダという方は神の化身ではないかとさえ思えてきます。なぜならば、神だけがそのような、結果を顧みない無私の行為をすることができるからです。神の特性の中にだけ、わたしたちはそれと同じものを見ることができるからです。

種子を播きつづけることの重要性

毎年、ある季節になると、樹々は数え切れないくらいたくさんの実をつけますが、もし、それらの実のすべての種子から芽が出て大きな樹に成長したとしたら、もはや地上には他の種類の樹木が成長する余地はなくなってしまいます。しかし、現実にはそんなことにはなりません。樹々は毎年を実をつけますが、それらの実のすべての種子から芽が出るというわけではありません。それは、神ご自身がそのようにお決めになったからです。

「でも、残りの実は肥料になるではありませんか」と言う人もいるかもしれません。

まったくそのとおりです。まさにそれが、スヴァーミー・シヴァーナンダがなさったことなのです。

グルデーヴは人びとにたくさんの種子を播きつづけましたが、そのうちのほんのわずかな人だけが、自ら大きな樹木に成長することができたのです。しかし、他の人たちにとっても、将来自分が成長するための肥料となったに違いありません。

スヴァーミー・シヴァーナンダに愛され、導かれ、奉仕された人たち、スヴァーミー・シヴァーナンダによって「精神的なものへの強い願望」という種子を播かれた人たちのなかにはいま、別のグルのもとで偉大なヨーギーとして、マハートマとして、求道者として輝いている人もいます。それはそれですばらしいことです。

グルデーヴが播いた種子は、このようにさまざまな場面において芽を出し、大きな樹木に成長していったのです。あるいは、精神的なものに無関心な人たちの心の肥料となって、やがてはそのような人たちを求道者に導くかもしれません。これがグルデーヴのすばらしいテクニークだったのです。

グルデーヴはこのように、精神世界に関する知識を積極的に広めたたいへんな楽天家でした。そしていつかは、それぞれの人たちが自分たちの道とゴールを見つけていくことでしょう。その時節がきて、播いた種子から芽が出るように。

グルデーヴは、「精神的な種子を受け取るための土壌の準備」ができていない人たちに種子を播くことは、悟りに達した人たちや、ある程度の境地に達した人たちの義務であると、強く言われていました。つまり、これはスヴァーミーであるわたしたちがしなくてはならない奉仕であり、やがてこれらの種子はきっと、いつかどこかで芽を出すと思います。

一時的な熱心さの危険性

今のアーシュラムはとても近代的なものになってきて、その生活もかなり快適なものになっています。ですから、このような雰囲気の中では、一九四〇年代の創立当初にここに来た人たちが感じたことを理解するのは容易ではないと思います。

その頃のほとんどの弟子は、アーシュラムに来る前にすでに、スヴァーミー・シヴァーナンダの輝くような言葉を本で読んで知っていました。

それらの言葉は、人びとをとても勇気づけたり励ましたりするものだったので、読んだその瞬間、着ているものもかなぐり捨ててヒマーラヤまで飛んで行き、禁欲生活をして自己実現を成し遂げたいと思わせました。読んだ人をそのような気持ちにさせてしまうのがグルデーヴの著書の特長でもありました。彼らの多くはグルデーヴの著書によって励まされ、ここにやって来たのです。

通常、彼らは一着の着替えも持たずにやって来ました。それは、グルデーヴの作品“How to get Vairagya”の中の「すべてを放棄しなさい」という言葉を読んで知っていたからです。また、「孤独と静けさを求めなさい」という言葉も読んでいました。そして、彼らはそのとおりにすべてを放棄し、孤独と静けさを求めてここにやって来たのです。

そんな彼らが、この聖地リシケーシに来ると、暖かそうなコートを着てグルデーヴと一緒にいる人を見ることがありました。そんなとき、彼らのほとんどがこう思ったでしょう。

「ああ、彼らは道を見失ったに違いない。わたしがどのように禁欲的な生き方をしているかよく見るがいい。わたしのこの禁欲的な生き方は、スヴァーミー・シヴァーナンダと長くいる人たちなんかよりも、はるかにすばらしいものだ。彼らは禁欲生活や無執着、燃えるような志というものをまったく分かっていない。わたしはここで毎朝四時から瞑想をするつもりだ」

グルデーヴはというと、そんな彼らをそれなりに評価していました。

「熱心になることはすばらしいことです。きっと、あなたはすばらしく輝くことでしょう。スカデーヴァのような立派な人になることでしょう。しかし、幼稚な熱心さや一時的な熱狂はいけないよ」

熱心さが冷めた後の反動

わたしたちは決してやる気をなくしたり、勇気を失ったりしてはいけません。いま行なっていることは間違いである、などと考えてはいけません。否定的になってはいけません。積極的に行なってください。それはとてもすばらしいことなのです。しかし、単なる一時的な熱心さになっていないか、よく確かめてください。もしそうならば、それはある種の反動を引き起こすかもしれないからです。

燃えるような志や目標は必要です。しかし、それは堅実なものでなくてはなりません。風船のように急に上っていったかと思うと、すぐに下がったりするようではいけません。もし、それがほんとうの志や目標ならば、みなさんの一生を通してずっと維持しつづけられるものです。逆に、それが一時的な熱心さならば、何も実現されないばかりか、反動となって同じような力が正反対の方向に現われる危険性もあります。

この「反動」ということに関して、グルデーヴはとても慎重に考えていましたし、弟子たちにも注意していました。そのことを示すひとつの例があります。

わたしがこのシヴァーナンダ・アーシュラムに来たとき、実は友人も一緒だったのです。この友人はとても良い人で、悪いところなど一つもありませんでした。

彼はアーシュラムにいる間、グルデーヴを信奉し、一所懸命に働いていたのですが、同時に、あるスヴァーミー（グルデーヴの古くからの弟子の一人）とも、とても仲良くなったのです。それ自体はごく自然なことです。しばらくして、この古くからいるスヴァーミーが、アーシュラムを出てどこか他のところへ行くことになりました。すると突然、わたしの友人も一緒にアーシュラムを出て行くと言いだしたのです。わたしには、自分が尊敬しているスヴァーミーが出て行ってしまうので、このままアーシュラムにいることが空しくなったのだと思えました。

彼はグルデーヴに、アーシュラムを去り家に帰りたい、ということを話しました。そしてわたしにも、一緒にアーシュラムを出て故郷に帰ろうと言いました。でもわたしは、まだここに残りたいと彼に伝えました。

その当時、わたしはよくバジャン・ホール*（**訳者注**：シヴァーナンダ・アーシュラムの建物は山の斜面に点在しており、バジャン・ホールは上のほうにあります）にいました。

一方、グルデーヴはガンジス河近くのクティールに住んでいましたので、バジャン・ホールに用事があるたびに、長い坂道を何回も上り下りしなければなりませんでした。

そんな不便な状態であったのに、グルデーヴはわざわざバジャン・ホールまで上って来て、わたしにこう言いました。

「彼がそうしたい気持ちも分かるよ。でも、お前から出て行かないように頼んでみてくれないかい。彼はここに来て一年間も暮らしたんだ。もし家に戻ってしまったら、きっと大きな反動が彼を襲うだろう。そうしたら、ここで学んだことのすべてを失ってしまうかもしれないよ」

そこで、わたしが友人にいろいろ話すと、彼は、父親の身体の具合が悪く、家族を養わなければならなくなったことなどを語りました。

わたしはグルデーヴに、彼から聞いたことをそのまま話しました。

しばらくすると、グルデーヴはバジャン・ホールまで上って来て、こう言いました。

「彼はどれほどの金額を必要としているのかね。アーシュラムからお母さんに送ってあげようと思うんだ」

その頃のアーシュラムは《その日暮らし》の経済状態だったのですが、グルデーヴは言われたのです。

「わたしたちが彼を助けましょう。家族を助けてあげましょう。今まで彼が築きあげてきた精神的な富みは、なにものにも代えられないからね」

グルデーヴは、「解脱を求める心」という《種子》は、非常に微妙なものであるということを知っていました。

それは、わたしたちの心の奥深いところにあり、それを覆っている塵や灰はとても厚いものです。

その種子は大切なものです。グルはその種子を播かなくてはなりません。グルだけが、その種子がどれほど貴重で価値があるか、そして、さまざまな反動から守ることがどれほど大切であるかを知っているのです。

悪い習慣を持っている者たちがしばしばアーシュラムにやって来ることがありましたが、グルデーヴはそういうとき、欠点には眼をつぶるようにしていました。

わたしはある機会に、グルデーヴの古くからの弟子たち（アーシュラムでも権威のある人たちでした）が、しばしばグルデーヴのところに行っては、あらゆる不平や不満を語っていたことを知りました。グルデーヴは新参者ばかりでなく、このような古い弟子たちにも気を遣わなければならなかったのです。

このようなとき、グルデーヴに仕えていた少年が駆けて来てこう言うかもしれません、「スヴァーミージーがあなたにフルーツを持ってゆくようにと言いました。*プラサードです」と。

また、三十分後にはだれかがやってきてこう言うかもしれません、「スヴァーミージーがあなたにコーヒーをと言いました」と。

そして、一時間後にスヴァーミージーにお会いしたとき、こう言われるかもしれません。

「最近、お前は輝いているね。光を放っているよ。とてもよく瞑想もしているね。*ジャパもよく唱えているね。*ヴェーダンタも勉強しているね。たいへん結構です」と。

グルデーヴには、こうすることによって、その人が伸びていってくれると分かっていたのです。

最初にたくさんの甘いバターを、それから少しだけ苦い薬を――これがグルデーヴのやり方でした。

グルデーヴは「お前は悪い人間だ」という代わりに、わたしたちの中の長所や良い面を見つけて褒めてくれたのです。たとえ、わたしたちに精神的なことに関する熱心さや献身的な態度が欠けていてもです。

わたしたちはお互いに、一人ひとりが何かすばらしいものをもっています。それなのに、どうしてそれをもっと伸ばさないのでしょうか。

グルデーヴはよく言われていました。

「お前はたいへんな努力家だね。お前のように一所懸命に勉強したり働いたりする人はほかにいないよ」

このようにして、グルデーヴはわたしたちの中に種子を播いてくれたのです。この種子を播くということがとても重要なのです。それから優しくこう付け加えるのです。

「なぜ食堂に行って食事を配る手伝いをしないんだい。お前には健康な身体とすばらしい声があるじゃないか。*ローティを配るときにはこう言いなさい、『ローティ・バガヴァン！　ローティ・ナーラーヤナン！　ローティ・マハーラージ！』と」

グルデーヴはこのようにして「精神的な大望」という種子を播かれたのです。

この世は鏡のようなものです
あなたがほほ笑むならば
世の中もほほ笑み返してくれます
あなたがしかめっ面をするならば
世の中もしかめっ面をするでしょう

5 浄化

自らを浄化するためにヨーガを

グルデーヴ・シヴァーナンダは、「自己実現」というのはとても簡単なことだと、しばしば言われていました。神は実在しています。ブラフマン*も実在しています。アートマン*も実在しています。そこに坐っているのがアートマンです。ここに坐っているのがアートマンです。そこに坐ってあいづちを打っているのがアートマンです。そこでおしゃべりしているのがアートマンです。これらすべてがアートマンなら、どうしてアートマンを実現することが難しいなどと言えるでしょうか。

多くの聖者はたいへん難しいことだと説いていますが、そんなことはないと思います。自己実現はとても簡単です。しかし、それにはある準備が必要です。その準備とは、「purification」（浄化、清浄）で、これは欠かすことのできないものであり、とても難しいものです。

自己実現はとても簡単なものであると言いましたが、それは神からの贈りものだからです。達成したり、克ちとるというものではありません。

もし、あなたがジニャーナ*・ヨーガの道を歩いているならば、すでに自己実現は達成されたものであると考えるでしょうし、バクティ*・ヨーガの道を歩いている人ならば、それは神からの贈りものであると受け取ることでしょう。

自己実現が神の贈りものであるならば、それではなぜ、わたしたちはさまざまな修行をしなければならないのでしょうか。

その理由を、クリシュナは『バガヴァッド・ギーター』*の中で次のように表現しています。

yuñjyād yogam ātmaviśuddhaye (VI. 12)
自分を浄化するためにヨーガを行ないなさい。

このように、ヨーガや瞑想、その他の精神的な修行はただ、心や精神を浄化させるためだけにあり、神を実現するために行なうものではないのです。

グルデーヴの「training」

「training」(教育、訓練)という言葉があります。

この「training」という言葉に対して、皆さんがどのようなイメージを持たれているのかは分かりませんが、一般的には「褒美と脅し—飴と鞭」によって行なわれるものだと考えられているのではないでしょうか。しかし、「training」というのは決してそういう意味ではありません。

「training」とはたとえば、カメラのレンズを被写体に向けるように、その人が学んでいるものや、いま行なっている行為に、「注意や意識を向け観察する」という意味なのです。

これがまさに、グルデーヴが弟子たちに行なった「training」であり、また、それ以上のことはしませんでした。

そこには「褒美」も「脅し」もありませんでしたが、それは確かに「training」と呼ぶにふさわしいものでした。

グルデーヴはこの「training」を弟子たちに、繰り返し繰り返し、さらに繰り返し行なわせました。わたしはこれまで、これほど忍耐強い人に会ったことがありません。

グルデーヴは、だれに対しても決して、「見込みのない者、希望のない者」として扱うことなどありませんでした。もし、その人がある道において希望を見つけることができなければ、他の道に眼を向けさせるようにしたのです。

それは、いつの日かその人が希望を見つけられるまでずっと続けられました。そして、希望が見つかったときには、実はもうゴールに到達したのと同じことなのです。これが、グルデーヴが自己実現はとても簡単だと言われた理由なのです。

真っ暗な部屋に入り、しかもライトのスイッチがどこにあるか分からなければ、手探りで探しつづけるでしょう。スイッチを《ON》にすること自体は簡単ですが、真っ暗な部屋の中でスイッチを見つけることはそれほど簡単なことではありません。

しかし、グルデーヴ・シヴァーナンダはすべて分かっていた方でしたので、わたしたちに教えてくださるのです、「スイッチは右側にあるよ」と。

そうしてグルデーヴはわたしたちの緊張や不安を取り除いてくださったのです。グルデーヴは不安を感じたままのわたしたちを決して放っておくことはありませんでした。

アーシュラムではすべての人が四時には起きて、瞑想のクラスに出るか自分の部屋で瞑想することになっていて、このことに対してグルデーヴはとても厳格でした。たとえ前の日にどんなことをしたとしても、起きなければなりませんでした。

しかし一方では、だれかが休息していれば、それを邪魔するようなことについてもたいへん厳しく戒められました。たとえば日中、グルデーヴがあなたの部屋の近くを通り、あなたが休んでいるのを見たら、グルデーヴ自身とても静かにされましたし、わたしたちにも静かにするよう注意しました。

アーシュラムにはそのころ、まだそれほど多くの人がいたわけではありませんでした。わたしは、朝四時にみんなを起こすという神聖な、しかしたいへん気が重くなるような役目を持っていました。

グルデーヴは、アーシュラムの滞在者を四時に起こすためのすばらしい方法を教えてくださいました。それは、ドアの前に立って優しく「オーム」と唱えるというものでした。しばらく待っても起きてこなかったら、今度はもう少し大きな声で「オーム」と唱えます。それでも起きてこなかったら、もっと大きな声で「オーム」と唱えます。そして、最後にはドアをノックするのです。

グルデーヴはしかし、四時に起きて瞑想することにまだ慣れていなかったり、緊張したり疲労しているような人を見かけたならば、その理由をちゃんと聞いてくれたでしょう。なぜならば、ぎりぎりの緊張をずっとつづけていると、なんらかの反動がきっと現われるに違いないからです。

欠点を指摘しても直りません

もし弟子になにか欠点があったとしても、グルデーヴはそのことについては眼をつぶられることがよくありました。

そして、こう言うのです、「彼には欠点があるかもしれないが、とても良い面も持っているよ」と。

たとえ嘘をつくような弟子がいても、「お前は真実の権化だよ」と言いました。そしてある日、その弟子はほんとうに真実の人となるのです。

グルデーヴは欠点を注意するときでも、それを直接指摘するということはせず、とてもすばらしい方法を採りました。それは、まず何本かのバナナが最初にきて、それからバターや蜂蜜がつづき、その後でちょっと一言というものでした。

バナナが消化され、バターや蜂蜜の甘みも薄れてきたころ、突然あなたは悟るのです、「ああそうか！　これが、グルデーヴのおっしゃりたいことだったのか！」と。

ほんとうに純粋な人であるならば、自分のグルに欠点や短所を指摘されたとしても、それを直して、もっと良くなろうと思うでしょう。

しかし、気が短い弟子には、グルは直接「お前はほんとに気の短い男だね。直しなさいよ」などとは言いません。そんなことを言ったとしても、すぐに短気が直ったり純粋な性格になることはないからです。むしろほとんどの場合、その人の心はたちまちかき乱されることでしょう。何が心をかき乱すのでしょうか。それは気が短いという性格です。

薬が大嫌いなのに飲めと言われたとしましょう。とくに心理的作用のある薬の場合、無理に飲んだとしても、きっとなんの効き目もないでしょう。それと同じです。

もし、あなたがだれかに何かを言い、そのためにその人が泣き出したとしたら、それはコミュニケーションが失敗したことを意味しています。その人はもう、あなたの言うことを聞こうとはしなくなるでしょう。そうなったならば、もうその人を導くことなどできません。涙はそれ自体「どうかもう二度とそれを言わないでください」ということを意味しているからです。

このようなやり方は、グルデーヴの性格とは相容れないばかりでなく（グルデーヴはいつも、決して人の気持ちを傷つけてはいけません、と言われていました)、だれかにそうするように強制されたとしても、きっぱりと拒絶されたでしょう。

欠点を指摘したとしても、決してその人の欠点を取り除くことはできません。涙が彼を盲目にしてしまい、自分の欠点を見ることができないからです。涙でいっぱいになった眼では、眼の前にあるものも、自分の内面にあるものも見ることができません。自分の内面の欠点を見極めるには、しっかりとした冷静な心が必要なのです。あなたはすでに、自己浄化や自己実現の難しさ、弟子を導くことの難しさがお分かりのことと思います。あなたが取り組んでいるのは、感じたり考えたりすることのできる生きた人間なのです。

精神世界を歩むことを志した人は、悪意を持ったりすべきではありません。ブッダはそのような人のことを「ウナギのようにくねりながら進む」と、とてもおもしろい表現で表わしています。そのような人は真っすぐではなくて、くねくねとくねりながら進んでいるのです。彼の中の何かがこのことを見ていないのです。欠点を指摘されたとしても、反対に周りの人たちのほうが問違っていると思うことでしょう。

もしだれかに、「きのう、あなたは喧嘩をしていたでしょう。それはよくないよ」と言われたならば、おそらくこう言い返すのではないでしょうか、「なぜ相手にも言わないんだ。喧嘩を仕掛けてきたのは彼のほうなのに!」と。

こんな気持ちでは、大切な精神性を追いやってしまうことになってしまいます。

愛と呼ばれるもの

グルデーヴのヨーガは、総合的なヨーガでした。弟子たちに変化が起こるとするならば、この次にはこれというのではなく、いくつもが同時に起こると考えていました。

しかし、すっかり変わるまで弟子を導くには、限りない忍耐が必要でした。そして、その限りない忍耐は、まさしく愛と呼ばれるものでした。

グルデーヴは、決して弟子に対して希望を失うことはありませんでしたが、弟子のほうはしばしば、自分自身に失望することがありました。しばらくして彼らはまた気を取り直すのですが、グルデーヴはどんなときでも、平静さや希望を失うということはありませんでした。このようなことを、グルデーヴは四十年間も絶え間なくつづけられたのです。

一九四〇年代の後半、ほとんどジョークのように語られていたことがありました。それは、「もしだれかがグルデーヴに、他のだれかの不平や悪口を言ったとしても、グルデーヴはまったく信じようとはなさらないだろう」というものです。

わたしたち弟子の間でも争いというものがありました。しかし、グルデーヴの眼の前で平気で喧嘩をする人などいません。グルデーヴがいないときを選んで喧嘩していたのです。その結果、もしだれかが相手への不平や悪口をグルデーヴに言ったとしても、「ああ、そうなのかい」と答えるだけで、まったく信じようとはしませんでした。なぜならば、グルデーヴ自身がその眼で見たわけではないのですから。もちろん、グルデーヴの眼の前で悪いことをする弟子など一人もいませんでしたが……。

以前、だれかが、アーシュラムでタバコを吸っている人がいるという不満を口にしたことがありました。グルデーヴ自身、それが事実であると分かったとき、グルデーヴが行なったことは、まずタバコの害に関する記事を書かせることでした。

たとえば、タバコを吸っているという弟子がタイピストであったならば、グルデーヴはその記事を彼にタイプさせました。面と向かって喫煙を注意するということはしませんが、タイプをしているとき、その内容が確実にその弟子の心の中に入り込んでいったのです。

あるいは、だれかにタイプさせ、それを夜の*サット・サンガのときに持って来させました。そこでグルデーヴは言いました。

「ムクンダ。この記事を打ったのはお前かい？」

「はい、そうです。スヴァーミージー」

そして、まるで偶然であるかのようにしてこう言いました。

「では、これを彼に読ませなさい」

こうして、タバコを吸った弟子は大勢の人たちの前でその記事を大声で読まなければなりませんでした。

「タバコはやめなさい。とても危険です。肺やその他の器官に大きな害を与えます。ですから、ただちにタバコをやめなさい！」

このような形で弟子は忠告されたのです。

グルデーヴはしばしば、弟子の一人に、皆の前で何かを語るように言われることがありました。たとえば、もしその弟子が気の荒い性格であったならば、皆の前で怒りについて何かを語るように言いました。サット・サンガの席で、その弟子は怒りがよいことだなどと話せるはずがありません。

精神世界を歩む弟子は、絶対に平静さを保ち、忍耐強くなければならないと語るしかありません。そのように話しつづけることによって、必然的に自分に言い聞かせることになるのです。

このように、どんな弟子でも、グルデーヴに何か注意されるときには、直接非難されるということは決してありませんでした。

エゴが欠点をつくる

グルデーヴのこのような寛容な「training」にもかかわらず、弟子たちは自分自身をなかなか抑制できないでいました。だれかと喧嘩をしては、それが大きくなってグルデーヴの注意を引くことになり、決局は二人ともグルデーヴの前に連れて来られます。そんなときでさえも、グルデーヴがしたことは、その弟子をまず褒めることでした。

「お前はよいところがたくさんあるね。第一に、俗世間との関係を断つことができたことだよ。ここに来てガンジス河で沐浴をしたことは、お前にとってとてもよいことなんだよ。きっと精神的なものを得るために、お前は数え切れないほど、たくさんの前世で多くの修行をしてきたに違いないいんだ。精神的な生活を送るためにここ(アーシュラム)にやって来たのは、お前が大勢の聖者の祝福を受けたからに違いないいんだよ」

このように、弟子の心の中にすばらしいものがあることを指摘した後で、グルデーヴは付け加えるのです。

「それなのに、なぜ喧嘩なんかするんだい？　それだけがお前の小さな欠点なんだよ。お前の持っている良いところをなくしてはいけないよ。そんなことをしたら、お前の将来や今までの努力をダメにしてしまうからね。ところで、もう朝食は済んだのかい？　何を食べたんだい？　コーヒーかい？　チャーイかい？　もっと持ってきてあげようか？」

これで終わりです。たくさんの飴とほんのわずかな鞭、そしてまたすぐに、たくさんのフルーツや、ミルクが添えられたサンドイッチ。弟子たちはこうして、いつの日か自分の欠点に気づくのでした。

人の欠点というのは永遠になくならないというものではありません。わたしたちは他人のことを、気の短い性格だとか、強欲だとか、鈍感な人だなどということがあります。しかし、これらは変化していくものです。たとえ心の習性のようなものでも、変わっていくことがあるのです。

他人によって欠点を気づかされ、それらを一つ一つ克服していくことも可能です。しかし、ほとんどの場合、そういうときはとても自惚れてエゴイスティックになってしまいます。そして、こう言うのです。

「以前のわたしはとても気短で野蛮で、よくだれかを憎んでいました。でも、今のわたしはとても穏やかです」

しかし、これでは自ら火の中に飛び込んだようなものです。フライパンの中でならもう二、三日は持ちこたえられたであろうに、火の中ではあっという間に燃え尽きてしまいます。結局、彼はエゴが大きくなっただけなのです。少しも良くなっていないのです。

大切なのは、欠点を克服するときに、これら悪い性格や欠点を形づくっているのが、結局のところエゴなのだと発見することなのです。

エゴが、ある状態では怒りという形で現われ、それにうち克ったとしても、同じエゴが嫉妬に変わったり、強欲さに形を変えるのです。同じエゴが、繰り返し繰り返し、姿や形を変えて現われるのです。大切なのは、何もそれらにうち克つことではなく（「うち克つ」というのは、傲慢、エゴイズム、虚栄心を意味します）、その本質を理解することなのです。

悪い性格や欠点を燃え上がらせるのは何でしょうか？　それはエゴです。

強欲さの正体とは何でしょうか？　それはエゴです。

嫉妬の正体とは何でしょうか？　それもまたエゴです。

このように、わたしたちは決して安心などしていられないのです。

クリシュナは『ギーター』第2章の最後の句でこのことを指摘しています。

eṣā brāhmī sthitiḥ pārtha nai'nāṃ prāpya vimuhyati (II. 72)
これがブラフマンの境地、悟りの境地である。
この境地に到達すれば、人は迷わない。

人は決して愚かな存在ではありません。愚かならば、悟ることなどできないでしょう。しかし、今のわたしたちは、ただ悟ったと思っているだけです。聖なるものであると思っているだけです。でもそうではないのです。

sthitvā'syām antakāle'pi brahma nirvāṇām ṛcchati (II. 72)
もしあなたが死ぬときにこの境地を確立しているならば、
そのとき、ブラフマンの涅槃に達する。

肉体も何もかもが完全に死滅したとき、そのときにこそ絶対的な境地に到達するのです。そのときまでは、たとえ一つの欠点を克服したとしても、エゴはまた別の欠点となって現われる可能性があるのです。

グルデーヴ・シヴァーナンダは、繰り返し繰り返しよく言われていました。

「わたしたちは、命が終わるそのときまで、用心深くしなくてはなりません」

神さまはわたしたちに二つの眼と二つの耳を与えてくださいました
しかし、舌はたった一つしかお与えになりませんでした
ですから、わたしたちはおしゃべりをする以上に
もっとよく見たり聞いたりすべきです

6 グルの波長をみつけること

グルでもアーチャーリヤでもあったグルデーヴ

スヴァーミー・シヴァーナンダは、グルであると同時にアーチャーリヤ（教師）でもありました。それにもかかわらず、グルデーヴはしばしば、何かを教えるだけのただのアーチャーリヤでしかないと思われていたり、困った人の面倒をみる慈善家のような存在であると思われていました。事実、ヨーガを習うためにではなく、生活に困った人たちが大勢ここにやって来ましたが、グルデーヴはそのような人たちの面倒もよく見てあげていました。

人生に失望した人たちには希望を与えました。

何をしたらよいのか分からない人たちには仕事を与えました。

グルデーヴは、それらの人たちに対して、それぞれの望みにかなったことをしてあげていたのです。

グルとの結びつきというのは、普通とは異なってたいへん特別なものです。

たとえば、人生に失望した人、仕事や財産、家族などを失った人たちが絶望に打ちひしがれてここにやって来ましたが、彼らはグルデーヴと一言も言葉を交わしていなくても、自ら変わっていくことがありました。

なぜならば、名誉、財産、妻、子どもなど、人が幸せになるには必要だと思われているものを何も持っていなくても、グルデーヴがとても幸せであることを悟るからです。

そこで彼らはいろいろと考え、迷いはじめます。そして、スヴァーミーのように、何ものにも執着しないで生きていけたならば、失望や絶望や苦しみとは無縁になるのではないかという考えにいたるのです。

インドでは伝統的に、人は出家をする前に、このような試練や迷いはすでに通っていなければならないとされています。

しかし、グルデーヴは言われています。

「まず、ここに来なさい。何があなたにいちばん合っているかを一緒に見つけましょう」と。

グルの波長をみつける

求道者は、教えを乞いたいと思ったグルの膝元にやって来ますが、グルから学ぶためには、求道者自身がその教えに合わせて行動できるようにならないかぎり不可能です。

グルは、その優れた情熱であなたと同じレベルまで下りてきて、教えを授けてくださることもあるでしょう。しかし、あなたが自分のレベルにいつまでもとどまっているならば、グルといえどもそのまま放っておくかもしれません。グルの教えを本当に理解するためには、わたしたち自身、グルの波長にまで高まるよう努力しなくてはならないのです。

では、わたしたちはどうしたらグルと同じ波長になったかどうかを知ることができるのでしょうか。

実は、それを調べるのはとても簡単なことなのです。みなさんはトランジスター・ラジオをご存じですね。ラジオから雑音が聞こえてきたならば、それは放送局からの電波が正しく捉えられていないからです。

これと同じことがあなたの中にも起こるのです。グルがあなたに向かって何かを発信したとしても、あなたの内部で雑音が生じ、妙な信号となって心の奥底で抵抗します。完全な拒絶ではなく、耳障りな雑音のようなものです。

グルから何かを言われたとき、あなたの内部でこのような抵抗が生じたならば、それは波長が合っていないということの表われなのです。そうなっては、グルもあなたと意思を通じ合わせることができません。それは、グルの欠点であるとか、あなたの欠点であるとかというものではなく、調整する必要があるということなのです。

何も準備ができていないのにグルのもとに行ってしまった弟子もまた、グルと波長を合わせるよう努力しなくてはなりません。そうでなければグルの教えは伝わらないでしょうし、グルのもとで修行することも難しいでしょう。それはどんな偉大なグルのもとに行ったとしても同じです。

どうか、このことを忘れないでください。クリシュナやイエスやブッダでさえも、すべての人に悟りや輝きを生じさせることができたわけではないのです。

クリシュナでさえ、悪魔と呼ばれるものたちを殺戮しなくてはなりませんでした（それらが「救済」と呼ばれるとはいえ）。なぜならば、悪魔たちは決してクリシュナと同じ波長になろうとはしなかったからです。同じように、イエスは風を止め、波を鎮めることはできましたが、彼に対する残忍な迫害をやめさせることはできませんでした。

どんなグルでも、同じ波長を持たない者たちとは関係を持つことはできないのです。弟子として成長することを願うのならば、グルと同じ波長になることは弟子の最も重要な義務の一つです。

弟子（disciple）とは修行（discipline）する人のことです。修行（discipline）とは学習（study）です。グルのもとにいても、弟子は自分自身で絶え間なく学習しなくてはなりません。

皆さんは、自分自身の決意でここ(アーシュラム)にやって来たのではないでしょうか。そして、自分たちにはない何かを偉大なグルの中に見たはずです。しかし、そのことはすぐに忘れてしまうのです。

皆さんはまったく希望をなくしてしまった状態で、あるいは救いようのないほど惨めな状態で、あるいは苦悩に満ちた状態で、グルのもとにやって来たのではないでしょうか。なぜならば、自分自身では人生に関するさまざまな疑問に対してなんの答えも見いだせなかったけれども、グルならば、きっとその答えも持っているに違いないと思っていたからです。しかし、そんなことはすぐに忘れてしまい、やがて皆さんの内部で何かひび割れのようなものが生じはじめるのです。そして、グルが何かを言われても、はっきりと「ノー」と言うことも、積極的に「イエス」と言うこともできないでいるのです。

グルへの奉仕によって波長を合わせる

どんな放送局でも、一人一人の受信機に合わせて電波を送るということはしません。放送局の電波に波長を合わせる作業は、わたしたち受信する側が行なわなければならないのです。

グルデーヴはそれにもかかわらず、そのあふれんばかりの愛情で、しばしばわたしたちに波長を合わせてくださったのです。それこそ奇跡と呼ぶにふさわしいものであり、通常のグルと弟子との間では絶対に見ることのできないものでした。

グルデーヴは、わたしたちを救うためによく、わたしたちのレベルまで下りて来てくださることがありました。それは何も友達づきあいをするためではありません。わたしたちを引き上げるという目的のために、わざわざ下りて来てくださったのです。ですから、上にあがろうという気持ちがわたしたちにないならば、グルデーヴといえども、そのままのレベルにしておくしかありません。

このような自分自身を引き上げる過程のことが『ギーター』の中で美しく語られています。

tad viddhi praṇipātena paripraśnena sevayā
upadekṣyanti te jñānaṃ jñāninas tattva darśinaḥ (IV. 34)
グルへの服従によって、質問することによって、
奉仕することによって、その真実を知りなさい。

この詩の中には、三つの大切な要素があります。グルへの服従と質問と奉仕です。もし、弟子がこれら三つの要素を、自分の人生のあらゆる場面で取り入れることができるならば、その人は自分自身で効果的にさまざまなことを学べるようになるでしょう。

この中でも、とくにグルへの奉仕は重要なものです。グルに奉仕することによってのみ、弟子はグルと同じ波長にまで自らを高めることができるからです。グルに奉仕している間にその波長を見いだすのです。

グルは、さまざまな方法で波長を出しますが、わたしたちの側にグルの方法に沿って学ぼうとする気持ちがなければ、その波長にまで自らを高めることはできません。奉仕を必要としているのはわたしたちであって、グルではないのです。

グルデーヴはわたしたちにそのことを理解させるために奉仕の機会を与えてくださり、グルと一つになる機会を作ってくださったのです。特筆すべきなのは、グルデーヴはこういうことを、繰り返し繰り返し行なってくださったことです。

弟子に波長を合わせてくださったグルデーヴ

グルデーヴは、わたしたちの素質や才能を伸ばすために、一所懸命に努めてくださいました。

このことについて、二つの例をあげてお話したいと思います。

一人の若者がアーシュラムにやって来たのですが、彼は「製紙」に関すること以外、何も分かりませんでした。すると、グルデーヴは製紙に必要な道具や原料をすぐにそろえられたのです。グルデーヴは別段、製紙工場を造ってアーシュラムに紙を供給したかったわけではありませんでした。しかし、若者には必要だったのです。グルデーヴはその若者に製紙工場を造るという形で奉仕されたのです。彼の成長を助けるために。

グルデーヴは当初、サット・サンガに音楽を取り入れることにあまり積極的ではありませんでした。そんなとき、二、三人のミュージシャンがアーシュラムに滞在するようなりました。すると、グルデーヴは彼らのためにと思って音楽教室をつくり、必要な楽器を買い、部屋をつくってあげたのです。

これらは、ラジオでいえば、放送局のほうが一人一人の受信機のために電波を調整して送ってあげているようなものではないでしょうか。

もし、あなたがグルのこのような行為を理解することができないならば、あなたはまだグルとの精神的な交わりを持つ状態にまでは到っていないということです。反対に、このことを心から理解できたならば、献身的にグルに奉仕するようになるはずです。やがてはグルの波長を見いだすことができるようになるでしょう。

グルに対しての謙虚さと自己放棄

わたしたち弟子は、自分が抱えているさまざまな問題について、グルデーヴと自由に話をすることができました。グルデーヴとの「会話」の中には、実にさまざまな教えが含まれていました。

また、アーシュラムを訪ねてきた人がしばしば、わたしたちが抱えている問題と同じような質問をすることがありましたが、そんなとき、わたしたちもグルデーヴからその答えを聞くことができました。

ときには、グルデーヴが「タイプしなさい」「編集しなさい」と言われた原稿の中に、読んだばかりの著書の中に、自分が求めていた答えを見いだすこともありました。言葉で言い表わせない質問には、言葉でない答えが返ってきました。

このような触れ合いを通して、また、その生き方の中に、わたしたちにはないグルデーヴの偉大な智慧や能力を見いだしたのです。

そういうことが心の底から分かったとき、グルに対する本当の謙虚さが生じてくるのです。この謙虚さは、意識して持つものではなく、わたしたちのなかに自然と生じてくるものなのです。そうでなければ、自分はグルに対して謙虚にしているという自惚れが、エゴイズムを大きくしてしまうからです。

謙虚さというのは「自己放棄」を通して育っていくのです。謙虚さによって内部の雑音もなくなり、グルに奉仕することによって本当の歓びと情熱とが生じるのです。

グルはあらゆることをご存じですし、わたしたちよりもより完全な形で、なんでもできるということが分かってきます。すると、エゴはなくなり、「自己放棄」も自然と高まってきます。

「自己放棄」は、言葉や文字で表現されるようなものではありません。培われるというものでもありませんし、実践するというものでもありません。

「わたしは今から『自己放棄』をします」などとは言わないほうがよいでしょう。それは偽善的な宣言です。「わたしはグルが望むことをしてあげましょう。ですから、あなたは後で、わたしが望むことをしてください」という意味になってしまいます。

グルデーヴは、弟子はグルにすべてを委ねなくてはならない、と繰り返し繰り返し強調されていました。この「自己放棄」あるいはグルへの「全面委託」は、グルに強制されるものではなく、弟子自身によってなされなくてはなりません。自然に生じなければなりなりなりません。

グルデーヴは、「自己放棄」や「すべてを委ねること」がどのようなものであるかを弟子に学ばせるため、必要な環境をしばしば作り上げてくださいました。

たとえば、わたしたちになにかしてほしいという場合でも、たくさんの選択肢を与えてくださいました。わたしたちは、選択肢の中から自然に選択することができたのです。グルデーヴは、わたしたち弟子の横柄さ、虚栄心、無関心、偽善的な謙虚さをすべて知ったうえで、「自己放棄」を学ぶ環境を与えてくださったのです。

そして、わたしたちが自分の行為の醜さに気づいたとき、自然にグルへの「自己放棄」が生じてきたのです。「真実の自己に関する智慧（アートマ・ジニャーナ）」は「自己放棄」と同時に生じます。「自己放棄」はたいへん重要なものです。それ自体がグルを生むものです。

そのとき、あなたの中に至福の花が咲き、光とともに身体中を流れるでしょう。そして、あらゆる束縛や重荷から解き放たれることでしょう。

あなたの義務はただ一つ、真理を悟ることです
これは人生のすべての義務をふくんでいます

7　グルにすべてを委ねること

弟子になれるとき

「アーチャーリヤ」が精神的なことに関する知識を授けたり教えたりするのに対し、「グル」というのは、毛布のように求道者を優しく包み込んでくれるものという意味で使われているように思います。

しかし、求道者がグルにすべてを完全に委ねることができるようになるまでは、グルとの間に師弟関係が生じることはありません。このことをよく覚えておいてください。

グルに対して「自己放棄」あるいは「すべてを委ねる」という状態が生じたときに、求道者ははじめて弟子となることができるのです。そして、グルとの関係が生じるのです。

わたしたちはそのことを、グルデーヴ・スヴァーミー・シヴァーナンダを通してたびたび学びました。たとえば、グルデーヴがサンニャーシン*にイニシエーションを授けているときなどがそうでした。そういうとき、わたしたちはグルデーヴの中に、人間の持っている性質にはない「何か」を見ました。とても神々しく輝いて見える「何か」でした。それがグルというものです。弟子は、そのときのことを一生忘れることができません。それは言葉で言い表わしたり、表現したりできるものではありません。このわたしにも強烈な体験が一度ありました。

グルとの間に最初に起こったことは、あなたを打ちのめすくらい強烈なものです。このような強烈な体験は、グルとの間に師弟関係が生まれたときに起こるのです。そして、「自己放棄」が次第に高まってくるのです。

「自己放棄」が生じると、気持ちが落ち着き、心が解放され、さまざまなことを受け入れやすくなります。

皆さんは「シャクティ・パト」という言葉を聞いたことがあると思います。グルが直接、霊的な力を弟子に授けることです。

グルデーヴは、自ら行なわれたシャクティ・パトについては、公にはあまり語られていませんが、文字にして説明されたことはありました。

ラーマクリシュナ*がヴィヴェーカーナンダ*にこのシャクティ・パトを伝え、その後のことを託したことは、多くの人が知るところです。

ラーマナ・マハーリシ*はシャクティ・パトに関する質問に、

「心で考えたり、心で聴いたりすることができるようになったとき、シャクティ・パトが起こるのです」

と、たいへんすばらしい答えをされています。

わたしたちの心が完全なものになったとき、静寂した状態になったとき、グルに近づくことができるのです。

わたしたちが、頭ではなく心で考えることができるようになったとき、耳ではなく心で聴くことができるようになったとき、グルは言葉ではない形で高次元の智慧を授けるのです。

グルから学んだことや聞いたことに専心することは、とても大切なことです。グルの能力を疑ったり、その教えの効果を疑ったりしたら、何も学ぶことはできません。

以前、友人の一人にこう訊ねられたことがあります。

「グルだと思ってすべてを委ねた人が、もしとんでもないインチキな人物だったらどうなるのか」と。

わたしはそんな心配はいらないと思います。あなたが真の求道者ならば、そのような人物に対して、なんの疑いもなく自らを委ねることなどできないからです。

あなたがもしそんなインチキな人物に自己放棄をしたならば、きっとあなたは悟りではなく、何か他のものを求めていたのではないでしょうか。その人物や教えに疑いを抱いているならば、すべてを委ねるなどということは起こらないはずです。

グルとひとつ

自己放棄が起こったとき、グルの恩寵ははっきりとした形で現われてきます。自己を放棄してあなた自身が空っぽになったとき、グルの恩寵があなたの心に流れ込みます。そのとき、自分の周りのすべてのものが、グルと同じものとして見えてくるのです。グルは実際には一人の人間ですが、グルと同じものがすべての人の中に見られるようになるのです。グルの存在をあらゆるものの中に感じられるようになるのです。

たとえば、スヴァーミー・シヴァーナンダがあなたのグルだとしましょう。そして、いま言ったこと、つまり、グルの中にすべてを見いだすことができるならば、だれかに何かを言われた後、すぐにこう思うでしょう、「スヴァーミージーもよくそう言っておられたな」と。

また、他の聖者の行為を見たとき、あなたはきっとこう思うことでしょう、「スヴァーミージーもよくこういうことをされていたな」と。

グルが持つ神聖なもの、精神的なもののすべてが、あらゆるものの中にグルがいるということを思い起こさせてくれるのです。

思いがけない状況に遭遇したときも、グルデーヴ・シヴァーナンダが言われたことが突然、心に浮かんでくるかもしれません。

「気をつけなさい」「今はじっと耐えなさい」。あるいは「自分のほうから進んで適応していかなくてはいけませんよ」と。

ですから、わたしたちはグルなしにはいられないのです。グルはいつでもわたしたちの心の中にいてくださいます。なぜならば、「自分という想い」(エゴ)がそこにはないからです。自分のエゴではなく、グルがあなたの存在の全体を満たしているのです。あらゆるものすべてが善であることを、聖なるものであることを気づかせてくださるのです。たとえ神聖とはいえないような状況にあっても、グルはわたしたちと共にいてくださるのです。

このようなことが起こらないならば、グルと弟子との関係ではないということなのです。

アーチャーリヤは大勢いるかもしれませんが、グルは一人だけです。あなたは今までに大勢の先生からいろいろなことを教わったことでしょう。ある先生からはマントラ*を、またある先生からはプージャー*のやり方を、またある先生からはアーサナ*をというように。しかし、これら先生はみなアーチャーリヤです。あなたが信愛や尊敬や崇拝を捧げるに値する人物であったとしても、グルではありません。

反対に、グルとはどういうものであるかを本当に理解したならば、グルはあらゆるものの中にいる、ということが分かるでしょう。そういう境地になったならばもう、絶えずグルの側にいなくてもあらゆるものからいろいろなことを学ぶことができ、自分自身をあらゆるものと結びつけることができるようになるのです。なぜならば、「I=わたし」というエゴがなければ、グルと接触しているという感覚も何もないからです。そこにはただ、グルがいるだけです。

グルデーヴは、師弟の間にはいま言ったようなことが起こらなければならないと考えていました。しかし、精神生活の中においては、弟子の自由な意思がたいへん重要であることも認めていました。しかし、自由を許されているからといって、グルに奉仕するにしても、命令されたり強制されなければ何もできないようではいけません。

スヴァーミー・シヴァーナンダの教えには、「自由」と「修行」を総合するという、たいへん際立った特長があります。もし、あなたがアーシュラムの責任者になって弟子を持つことになったならばきっと、この二つを結びつけるなど不可能であることが分かるでしょう。ほとんどのグルは、自由にさせるか、厳しく修行させるかのどちらかです。グルデーヴはしかし、膨大な仕事に携わっておられたにもかかわらず、この二つのことを絶妙に結びつけられたのです。

グルデーヴは弟子たちを自由に成長させました。そして弟子がある程度成長したとき、それを調整するために剪定という作業をされたのです。それは、花を美しく咲かせるための最良の方法でもあります。バラの花を美しく咲かせるためには、はじめのうちは自由に伸び伸びと育て、ある程度育ったところで剪定すればよいのです。これと同じようにしてグルデーヴは弟子たちを育てられたのです。

グルデーヴは、「自己放棄」や「すべてを委ねる」ということを弟子たちに強制することは決してありませんでした。強制する代わりに、わたしたちのために、それを学ぶ状況を作り出してくださったのです。

わたしたちは、グルデーヴとアーシュラムで暮らしていく中で、物事がどのようにして運ばれてゆくかということを注意深く観察しました。グルデーヴがなされたこととわたしたちがしたであろうこと、グルデーヴが取られた方法とわたしたちが取ったであろう方法とをよく比べたのです。その結果、当然のことのように、グルデーヴのほうがずっと賢いし、優れていることが分かったのです。そして、わたしたちは心の中でこう言うのです、「どうぞ、わたしを導いてください。ハリ・オーム・タット・サット」と。

こうして、わたしたちの中に「放棄」や「委ねる」ということが生じるのです。

このように、自由な中での弟子の成長が、グルデーヴによって、いたるところで行なわれたのです。なぜならば、自由な中にこそ真の成長があるからです。自由がなければ成長はありません。

サーダナ*にしても、わたしたち弟子は、自分が実践してみたいと思うことを自由に選ぶことができました。それを許してくださったということが、グルデーヴの大きな特長でもあったのです。

マントラ・ディークシャー（グルが弟子に個人的なマントラを授けること）でさえも、グルデーヴは弟子にイシュタ・デーヴァータ（個人的に崇拝する神）を訊ねてから、その神さまに合ったマントラを授けていました。

また、サンニャーサ*・ディークシャーのときも、どんな名前がほしいか、弟子によく訊ねていました。

グルデーヴは、弟子が自分たちの好きなサーダナをすることを許していましたが、それは、弟子が何にもっとも興味を示すのかを探っておられたのかもしれません。

わたしたち自身が瞑想をしたいと申し出たならば、グルデーヴはきっとこう言われるでしょう。

「それはとてもよいことです。行って瞑想をしなさい。ガンジスの河原に坐って、四時から七時まで瞑想をしなさい。少なくとも三時間は瞑想をしなくてはいけませんよ」

グルデーヴは、わたしたち自身が眠っていたことに気づくまで、じっとお待ちになります。それはとてつもない忍耐です。成長や進歩は、わたしたちの内部から来るものでなくてはなりません。外から押しつけられるというものではないのです。

どうすれば「自由」と「成長」という二つのことを結びつけることができるのでしょうか。グルデーヴはわたしたちをまったく自由にさせてくださいました。しかし、そうしているうちにも、わたしたちに種子を播き、剪定をして、指導をする機会を待っていたのです。

たとえば、あなたが毎朝三時間の瞑想を六ヵ月行なった後、グルデーヴのところに行き、何も起こりませんでしたと言ったならば、グルデーヴはきっとこう言われるでしょう。

「バ*ジャン・ホールに行ってキ*ールタンをしてみなさい。そうすれば、お前の瞑想はもっと深くなるはずだよ」

と。

その瞬間、あなたにこうして「教え」が授けられたのです。もし、グルデーヴが最初に同じことを言われたとしても、おそらくあなたは素直には受け入れられなかったでしょう。

あなたは言われたとおりにバジャン・ホールに行き、毎日二時間キールタンを行なうでしょう。しかし、それもまた退屈してくるかもしれません。すると今度は、一時間ほどオフィスで働くか、キッチンで野菜を切るように言われるかもしれません（それがアーシュラムでの当時のわたしたちの仕事でした）。でも、それも心からの奉仕というより、ただ無気力にやるだけで終わるかもしれません。さらに、グルデーヴは言われるでしょう。

「もう少しアーサナやプ*ラーナーヤーマをやってみてはどうだい」

このようにして、あなたは知らぬ間に、グルデーヴがもっとも愛した総合的なヨーガ（インテグラル・ヨーガ）を実践することになるのです

あなたはグルデーヴが望んだところまで達成できなかったかもしれません。グルデーヴはしかし、わたしたち自身がそのことに気づくまで自由にしてくださいました。一方的に動機を与えたり指導をするのではなく、自由に選択する特権をも与えてくださったのです。

それはグルとしては驚くべき姿勢であり考え方です。グルデーヴはご自分の意思を弟子に押しつけることなど絶対にありませんでした。わたしたちはいろいろなことを行なう自由を与えられ、その中から自ら見つけだすと

いうのが常でした。

アーシュラムにはもちろん、アーシュラム独自のルールや慣習といったものがあります。アーシュラムの修行というのは本来、そういうルールや慣習の中で行なわれるものなのかもしれません。

しかし、グルデーヴと弟子との間ではそれがまったく自由に行なわれたのです。それでもわたしたちはグルデーヴからさまざまなことを教えられました。その自由さの中でわたしたち弟子は成長できたのです。

自由とはいっても、弟子がだめになってしまうようなわがままが許されるということではありません。自由な雰囲気の中でも、グルデーヴは時にチクリと優しく「一刺し」を与え、わたしたちを目覚めさせてくれたのです。その「一刺し」は実にさまざまな方法でなされました。しかし、そのどれもが優しさに満ちたものでした。目覚めさせることはあっても、決して傷つけることはない「一刺し」でした。

わたしは、こういうことが本当に優れたグルからの恩恵なのだと思います。グルの恩恵というのは、ただ単に聖なる歓びが降り注がれているのを感じるだけではなく、優しさや愛情をもってなされる行為でもあるのです。

グルデーヴのこのような優しさに満ちた恩恵は、おそらく他では見られないものでしょう。グルデーヴの中には父、母、先生、厳格な師、とてもやさしい友などが持つすべての特長がありました。これらすべてを総合的に持っておられたのがグルデーヴという方だったのです。

すべてに「中道」でありなさい
「極端」はいつも
危険をはらんでいます

8　カルマ・ヨーガ

知識だけでも実践だけでも悟れません

悟りは知性によって得られるものではありません。悟りというのはとても微妙なもので、手でつかんだり、頭で理解したりできるようなものではありません。たとえていえば空気のようなもので、呼吸を通して感じることはできても、手でつかむことはできないのです。

悟りも空気と同じように、わたしたちの中に取り入れなければならないものですし、それによって人生を前向きに生きられるようでなければなりません。取り入れられた空気が生命のエネルギーになるように、悟りもまた、わたしたちの生命そのものにならなくてはなりません。そのとき、わたしたちは悟りとともに生き、わたしたち自身が生きた真実となるのです。

グルデーヴは著書の中で、伝統的な教えのエッセンスともいうべきものを数多く語られています。それは、どのようにすれば悟れるか、どうすれば人生を価値あるものにすることができるかという、すばらしいメッセージです。しかも、その教えはグルデーヴご自身の中に具現化されていました。悟りというのは、その人の中に具現化されていなくてはなりません。それは生きたものでなければならないのです。

悟りについていろいろ理論的に語られたり、悟りにいたるためにさまざまな修行がなされたりしますが、どちらも真実のすべてを表わしているわけではないのです。

理論というのは頭のはたらきです。知的な理解です。知的理解というのは細かく分析していくことをその根本としています。何かと比べたり、照らし合わせたりすることです。知識というのはどうしても、全体を全体として捉えないで、分析してしまうという傾向があります。確かに知的理解は必要ではありますが、それは生きた真実にはならないのです。

同様に、実践もまた必要不可決なことではありますが、やはりそれだけでは不完全なものです。よく、「わたしはこういう修行を行なっている」「わたしは神について瞑想している」と言うことがありますが、その中には主体と客体という区別があります。あるいは、行為者と行為という区別といってもよいでしょう。そこにはまだ、「自分が」という想い（エゴ）があるのです。

悟りを求める飢餓感が大切

グルデーヴは、著作を通して理論や哲学を伝えてくださることはありましたが、そのうえさらに講義されるということはほとんどありませんでした。それはちょうど、食べたものがまだ消化されていないのに、さらに食べるものを欲しがっているようなもので、まだ理解していないのに、さらに詰め込むことになるからです。それでは身につきません。

たしかに、規則正しい食事は身体のために良いという説があります。同様に、規則正しい講義も必要なのかもしれません。しかし、グルデーヴは、弟子たちに精神的なものに対する強い飢餓感が起こるのを待っておられたのです。

グルデーヴは講義をされる代わりに、わずかな、しかも簡単な言葉で教えを説いてくださることがよくありました。そして、その教えを聞いた弟子や生徒たちにとって、忘れられないものになることがありました。なぜならば、グルデーヴという方は生きた真実だったからです。グルデーヴのなされた行為は、大声で話す人の声よりも、もっと広く、深く、わたしたちの心に響いたのです。

カルマ・ヨーギー――無私の人

グルデーヴは真のカルマ・ヨーギンだったにもかかわらず、カルマ・ヨーガ*について書かれたものはわずかしかありません。グルデーヴの人生そのものがカルマ・ヨーガだったからです。本当の意味でのカルマ・ヨーガは、悟りを開いた聖者によってだけ実践されるものです（実践という表現が適切とはいえないかもしれませんが）。

カルマ・ヨーガの明確な定義は「無私の奉仕」です。では、無私の奉仕とはなんでしょうか。ただ、報酬を受け取らないということだけなのでしょうか。たとえば、わたしがあなたたちの衣服を洗ってあげて、そのお礼に一本のバナナさえ受け取らないとしたら、これがカルマ・ヨーガでしょうか。

クリシュナは『バガヴァッド・ギーター』の中で次のように語っています。

āruruksor muner yogaṃ karma kāraṇaṃ ucyate (VI. 3)

ヨーガを得ようとする聖者にとって、行為がその手段であるといわれる。

わたしたちがヨーガの最高の状態に達しようと考えるとき、あらゆる行為がさまざまな意味と価値を持つのです。

もし、あなたがだれかの衣服をなんの見返りも考えずに洗濯してあげたいと思うならば、それはそれでたいへんすばらしいことです。しかし、それだけでは本当の意味での無私の奉仕とはいえません。たしかにあなたは、その行為に対してなんの見返りも望んでいないかもしれませんが、心の中では、周りの人たちから「あなたは立派なカルマ・ヨーギーですね」と言われたいと思っているのではないでしょうか。

それでは、あなたがもし「わたしは彼がここにいない間に彼の衣服を洗濯してあげて、だれも知らないうちにどこかに去って行くつもりだ」と思ったならば、果たしてこれは完全なカルマ・ヨーガといえるでしょうか。

その行為の背後にはきっと、「だから、だれもわたしのすばらしい行為を知らないだろう」という思い上がりが隠れているのではないでしょうか。それを無私の奉仕などと呼べるでしょうか。

カルマ・ヨーガの実践を通してわたしたちが学ばなくてはならないのは、「自己本位」を減らしていくということです（これは、精神的成長からも、社会的利益からも、たいへん大切なことです）。しかし、完全な無私無欲になどなかなかなれるものではありません。

『バガヴァッド・ギーター』に、あるサマーディ*ついて説かれている箇所があります。

brahmā'rpaṇaṃ brahma havir brahmāgnau brahmaṇā hutam
brahmai'va tena gantavyaṃ brahmakarma samādhinā（VI. 24)

奉納はブラフマンである。浄化されたバター（供物）はブラフマンである。それは、ブラフマンの火の中に、ブラフマンによって捧げられる。ブラフマンに捧げる行為に専心する者は、ブラフマンに達する。

これはブラフマ・カルマ・サマーディと呼ばれるサマーディ*で、すべてが静止しているように感じ、ブラフマ*ン以外に何もないとさえも感じない境地です。なぜならば、このとき世界を創っているのはあなた（ブラフマン）自身なのですから。

語るものはブラフマンです。語られるものもブラフマンです。語られる言葉もブラフマンです。言葉によって伝えられる音（ヴァイブレーション）もブラフマンです。音（ヴァイブレーション）を受ける器官もまたブラフマンです。これを理解する人間もまたブラフマンなのです。

悟りという光の中では、「自己」（エゴ）と呼ばれるものなど、どこにもありません。行為する人、行為の動機、行為を指図する人、行為の目的など、何もありません。これらは何も存在しません。このような境地を十分に確立した人が、真のカルマ・ヨーギーと呼ばれる人なのです。

カルマ・ヨーガの根本的な要素は無私無慾です。あるいは、「自己」という想いがない境地です。「自己」がないという境地は、ブラフマンだけが実在であるという境地と同じです。この真実を直接体得したとき、絶対的な無私無慾となることができるのです。この無私無慾の境地からなされる行為がカルマ・ヨーガなのです。

自己実現を達成した人は執着がない

自己実現をなしとげた人というのは、ラーガ（愛慾）・バーヤ（恐怖）・クローダ（憎しみ）などが完全になくなっています。ですから、何かに執着するということがなく、恐怖や憎しみからも解放されているのです。『バガヴァッド・ギーター』の中にカルマ・ヨーギーについての定義が説かれていますが、このような人のことをいうのです。

しかし、そうなったからといって、その人が何も行為をしなくなってしまうというわけではありません。生命が終わってしまうわけではありません。反対に、ラーガもバーヤもクローダもないすばらしい人生が営まれていくのです。なぜならば、そこには執着する「自己」がないからです。恐怖を感じる「自己」がないからです。憎しみを感じる「自己」がないからです。

このすばらしい境地が得られたならば、どうして妄想や悲しみなど起こり得るでしょうか。この「ひとつのものである」という境地に到ったならば、「わたし」が「あなた」に執着するということは起こらなくなります。

「わたし」が「あなた」に惹きつけられるとき、そこにはまず、「あなた」と「わたし」という区別があるに違いありません。「あなた」と「わたし」という区別がなければ、人が人に惹かれるということは起こらないのですから。

この区別が存在し続けるかぎり「わたし」という感覚も存在し続けているわけですから、この区別があるのかどうか、最終的には、区別がなくなった「わたし」には知ることはできません。

この「わたし」（エゴ）によって、執着や人に惹きつけられる、ということが起こるのです。

執着があるかぎり、無私無慾もカルマ・ヨーガもありません。

āruruksor muner yogaṃ karma kāraṇam ucyate
yogārūḍhasya tasyai'va śamaḥ kāraṇam ucyate (VI. 3)

ヨーガを得ようとする聖者にとって、行為がその手段であるといわれる。ヨーガに達した人は、静寂の中にある。

エゴは存在しないという直感的な悟り（自己実現）があれば、そこには自然に無私無慾やカルマ・ヨーガが生まれます。わたしたちはそのことを、グルデーヴ・シヴァーナンダの中に見ていました。グルデーヴには、執着するということがまったくありませんでした。そうかと思うと、あなたがグルデーヴと一緒にいるときなどは、あたかも、あなたにたいへん執着しているかのように見えることがありました。

かつて、あるスヴァーミーがこのアーシュラムにいました。彼はテクニークに関しては別のグルに師事していましたが、他のだれよりもグルデーヴの弟子と呼ぶにふさわしいような人でした。

あるとき、そのスヴァーミーが狂犬病にかかった犬に噛まれてしまいました。グルデーヴは応急処置を施して彼を病院に入れました。翌朝、少し回復したという電報が届きました。そのとき、だれよりも喜ばれたのはグルデーヴご自身でした。

しかし、その日遅く、残念ながら彼が死んだという電報が届きました。グルデーヴがたいへんなショックを受けたであろうことは、だれの眼にも明らかでした。

次の朝、彼の遺体がアーシュラムに運ばれてきたとき、グルデーヴはもう見ようとさえしませんでした。その夜、彼の魂のために祈りが捧げられ、すべてのことが忘れられました。グルデーヴは、彼の名前も、彼が何をしたかも、一切語ることはありませんでした。

無執着は、無関心や冷淡さとは違います。

たとえば、あなたがグルデーヴと一緒にいるときなど、グルデーヴは他の人や別のことを考えたりすることはありませんでした。グルデーヴにとっては、それはまるで、あなたが人生のすべてであるかのようでした。しかし、あなたがもしどこかに行きたければ、永遠に行ってしまうこともできたのです。そうしても、何の問題もありません。

このような行為の本質が何であるか、お分かりでしょうか。それは、まったく執着のない熱烈な愛です。そこには強烈なエネルギーと真剣な奉仕の心がありますが、なんの執着もないのです。しかし、「わたし」というエゴではそれを理解できません。

あなたの中で自己実現（「わたし」のない状態）が起こったとき、あらゆる執着から完全に解放されている本当の愛を悟ることができるのです。その愛は完全な無私無欲です。

そして、無私無欲は「あらゆるものがひとつである」ということを悟るためにあるのです。

窮境に悩まされてはいけません
それらに耐えなさい
心を神に向け、獅子のように悠々と歩きなさい

9 執着、恐怖、憎しみから離れること

報酬を求めるのもエゴ、断わるのもエゴです

カルマ・ヨーガ*というのは、ただ単にお礼や報酬を期待しないで行なう行為のことではありません。また、最初からお礼や報酬を期待して行なうのと、結果的にそれらを受け取るのとでは、まったく異なります。

グルデーヴという方は、なんの見返りも期待することなく、周りの人びとにさまざまな奉仕や智慧を授けられた方でした。

グルデーヴはわたしたちに、感謝や献身の機会を与えてくださいましたが、グルデーヴはなにも、感謝されたり献身されることを期待していたわけではありませんし、わたしたちがどこかに立ち去ってしまったとしても、がっかりされることはなかったでしょう。

グルデーヴはまた、お礼を拒絶されるようなエゴ的な方ではありませんでした。報酬を求めることはエゴですが、お礼を断わることもまたエゴなのです。

かつてグルデーヴは、ほんの一言でわたしにこう教えてくださったことがありました。

「求めてはいけないよ。断わってもいけないよ」

報酬を期待しないことと、報酬を拒絶することとは、まったく異なります。カルマ・ヨーガは報酬の有無で決まるわけではありません。カルマ・ヨーガは無私の奉仕なのです。

真のカルマ・ヨーギーになるためには、「自己」（エゴ）の役割を終わらせなくてはなりません。わたしたちは暗闇では何も見えないように、「自己」を見ることもなかなかできません。それは影のようなもので、あるようでないようなものです。その影響やはたらきはなかなか見えません。

ラーガ——執着

エゴを構成しているものの一つに「ラーガ」（rāga, 執着、愛着、愛慾）があります。これは精神的・心理的な偏見のようなもので、単なる欲望や愛着ではなく、何かに執着することによって起こる心の偏見のようなものです。

これは、ある「物」や「人」が自分の悦びや安全や幸福のもとになっていると感じることです。この思いが広がってくると、心はその「物」や「人」のほうに向かっていってしまいます。

グルデーヴはもちろん、この「ラーガ」から完全に解放されていましたが、弟子の中にはまだそれが見られる人もいました。

一つの例をあげましょう。

アーシュラムには当初、印刷設備が整っていませんでしたので、グルデーヴは著書を出版するために、町の印刷所に個人的に依頼されていました。やがて印刷機が購入され、アーシュラムで印刷したり出版できるようになると、今まで依頼していた印刷所から多数の印刷物が引き上げられました。

このとき、ある議論が起こりました。古くからの弟子の一人が提案したのです。

「印刷所に任せたほうがよいのではないでしょうか。彼は熱心な働き者ですよ。もちろん料金をもらっているからでしょうが、一所懸命に印刷し、製本をしていますよ」

グルデーヴはしばらく沈黙した後、その弟子のほうに顔を向けると、こう言われました。

「そう言えば、お前は町に行くと、いつも彼のところに寄ってくるね。お前の心は何か別なところにあるんじゃないのかい」

この弟子が言ったことは、印刷所の人を本当に心配して心から出たものではなかったのです。正しいかのように見えていて、実は何かに執着していたのです。このようなことを見抜くためには、深くて鋭い洞察力が要求されます。


わたしたちの心は、偏見や先入観に染められています。先入観に染められた心で、何を見ることができるというのでしょうか。鋭い観察力を持っている人だけが、正しいことを行なうことができるのです。

わたしたちの行為も、考えも、言葉も、今までに行なってきたことも、みな先入観に染められているのではないでしょうか。しかも、自分自身のことのために、なかなかその事実を見ることができません。なぜならば、それを見るべき心自体が、偏見や先入観に染められているからです。

わたしたちのうちにあるこの「染められた心」、つまり偏見や先入観が、わたしたち自身の活動を起こすことになるのです。それがあるかぎりは、真のカルマ・ヨーガはあり得ません。

バヤ——恐怖

エゴを構成している二つめのものは「バヤ」(bhaya, 恐怖、心配、危険)です。バヤとは心理的な恐怖のことです。たとえば、道路に立っているあなたに向かってダンプカーが突進してくるときに感じるような、肉体的・体験的な恐怖のことではありません。肉体的な恐怖と違い、心理的な恐怖とは、自己の内面や活動に根ざした不合理なもので、なかなか説明しにくいものです。

たとえば、わたしたちは自分自身の立場を失うことや、いまの喜びが終わってしまうことを恐れます。年をとることや死ぬことを恐れます。しかし、生きていれば、年をとることは避けられないことです。たとえ年をとることを遅らせることができたとしても、人は死から逃れることはできません。

わたしたちは死の恐怖をいつも感じながら生きているというわけではなく、普段は心のうちにしまわれています。なぜそうなのかというと、それが「自己」のもう一つのはたらきでもあるからです。もし、わたしたちがこのことをよく理解して、その源は何だろうかとたどってゆくならば、きっとあなたの「自己」(エゴ)を見つけることができるでしょう。

グルデーヴ・シヴァーナンダは、このような心理的な恐怖からはまったく解放されていました。わたしたちは、他の聖者たち(おもに遊行者たち)の中にも同じ境地を見ることができます。彼らの行為は、恐怖とはまったく無縁です。しかし、グルデーヴの立場は、彼ら遊行者たちとはまったく異なったものでした。グルデーヴは、最初から何も失うものがない遊行者とは異なり、ディヴァイン・ライフ・ソサエティ*という国際的な組織の長であり、大勢の人たちから「ジャガドグル」(世界のグル)、「神の生まれ変わり」と思われていたのです。

名声や名誉は自己実現に対するもっとも危険な障碍の一つです。なぜならば、それはエゴによって求められ、助長されていくものだからです。

ですから、エゴがまだ活発にはたらいているようならば、名声や名誉はかえってわたしたちを不幸にすることでしょう。それはわたしたちに束縛や恐怖を生じさせることになります。たとえば、わたしたちが正しいと思って行なったことも、それが名声や名誉を守るためであったならば、何か不都合なことが起こると、その行為を簡単にやめてしまいます。なぜならば、世の中の意見や評判を恐れるからです。

グルデーヴは信頼され責任のある立場にありながらも、このような束縛からはまったく解放された方でした。グルデーヴがなされたことで、正しくないことなど何一つありませんでした。世間の眼を恐れて何も悪いことをしなかったというのではなく、正しくないと思ったからされなかったのです。グルデーヴに正しくないことをさせるなど、この世の中でだれができるでしょう。

では、グルデーヴが行なった正しいこととはなんでしょうか。世間を気にしないでなされていたこととはなんでしょうか。

かつて、ある人がこう言いました。

「わたしは人びとの前で自分をさらけ出すのをとても恐いと思っているよ。お前たちも、人の前で何かするのが怖いと思ったならば、急いでやってしまうことだよ」と。

その人は、何も身につけない裸の修行者ではなく、質素ですがいつも上品な衣を身につけていました。しかし、春や夏には下着だけの姿で、ガンジスの河原に坐ってはよくオイルを塗っていました。

その人は、わたしたちが見ても笑っても、まったく気にしていませんでした。その人にとっては、知ったことではなかったのです。人びとになんと言われようと、なんと思われようと、何も恐れてはいませんでした。

その人はまた、あらゆる種類の自然健康法についてもよく知っていました。太陽が昇ると、なんのためらいも、人目を気にすることもなく、太陽に向かって歯や歯ぐきをさらけ出したり、舌を棒のように長く伸ばしたりしていました。
わたしたちのような取るに足らない人物ならばそれもできるでしょうが、その人はスヴァーミー・シヴァーナンダだということを忘れないでください。くしゃみをすれば、町中の人がそれを話題にするような有名な人です。でも、グルデーヴは自分が正しいと思ったことは、どんな評判が立とうと、まったく気にすることなく実行されたのです。

グルデーヴは、アーシュラムを創立する以前からリシケーシではたいへん有名でした。そのころはまだ、キールタンを歌ったり踊ったりするスヴァーミーなどいませんでした。おそらく、ほとんどの人たちが、そんなグルデーヴのことを芸人の一人ぐらいにしか思わず、物笑いの種にしていたのではないかと思います。

なぜならば、その人たちはグルデーヴとは違う考えを持っていたからです。彼らは、聖者というものはとても厳粛で重々しく、いつもブラフマン*に没頭しているものだと思っていたからです。

人というのは、ブラフマンを得るためには、この世を捨て、難しい顔をしていなければならないものなのでしょうか。グルデーヴは、そうではありませんでした。

わたしは以前、ある年老いた立派なスヴァーミーから、次のようなことを聞いたことがあります。

「いいかい、スヴァーミー・シヴァーナンダはその頃、よく人前で歌ったり踊ったりなさっていたよ。わたしたちスヴァーミーの中にも、そんなスヴァーミージーをよく思わない人たちがいたことも事実だよ。しかし今では、わたしたちのほうが間違っていて、スヴァーミージーのほうが正しかったということがよく分かったよ」と。

グルデーヴがそうしたいと思うことや、正しいと思っていることから気持ちをそらせることができるものなど何もありません。グルデーヴは、悪い評判が広がっていくことなどまったく恐れませんでした。

医者は、わたしたちの頬に軽く触れただけでもその手を消毒します。しかしグルデーヴは、病原菌がうつるなどということはまったく恐れていませんでした。

グルデーヴはしばしば天然痘に罹った男の人を見舞われましたが、その後でシャワーを浴びたり、衣服を洗濯するということはありませんでした。それだけでなく、コレラや腸チフスなどの恐ろしい病気に罹っている人たちのところへも、よく訪ねていました。グルデーヴは、何の恐怖もなく、そのような病気に対処することができたのです。

わたしはグルデーヴから、これらの行為についての難しい理論づけなど一度も聞いたことがありません。理論ではなく、グルデーヴが実際になされるところを、わたしたちはこの眼で見たのです。

時にそれはたいへん感動的なものであり、とてもすばらしいものでした。そして、なぜグルデーヴがそのようなことをなされるのか、これらの行為の背後にある哲学はどのようなものなのか、わたしたちはどうしても知りたいと思いました。

これらの想いはすべてエゴのはたらきです。もし、それが自然の習慣ならば、わざわざ理論づけることもないのです。自分という想い（エゴ）のない人は、この恐怖が自然に消滅しているはずです。なくなったふりをしているわけではありませんし、これ見よがしに「自分にはそんな恐怖はない」というところを見せつけているわけでもありません。そんなことをすれば、再びエゴと同じになってしまいますし、それは無私無慾とはいえません。

わたしたちが、もしその行為の背後にある哲学や理論のほうに興味が湧いたとするならば、それはわたしたちの中に、病気がうつるという恐怖や、その行為をすることで尊敬されたり讃美されたいと思っているかのどちらかだと思います。わたしは、そのことを心の奥深くに感じましたので、改めて強調したいと思います。

グルデーヴはなんと言われようと、まったく恐れていませんでした。わたしは今まで、グルデーヴのような立派な聖者を見たことがありません。グルデーヴは、自分を批判したり悪く言ったりした人たちにさえ衣食住を与え、いろいろと面倒をみてあげていたのです。その人が熱心な求道者であったり、あるいは世の中に役立つ才能や素質を持った人ならば、たとえ悪口を言ったり、後ろ指をさして批判したような人でさえも、アーシュラムに滞在することをお許しになりました。そして、自分を非難していたことを知っていながら、その人のことを、おもしろおかしく褒めたのです。

グルデーヴは、議論したり、人を説得するということは決してなさいませんでした。また、世間のいうことに気を取られることもありませんでした。世間のいうことは、やがてこの世間自体で責任を取るようになるものです。

以前、とてもおもしろい話を大先輩のスヴァーミー・パラマーナンダジー[*]から聞いたことがありました。それは、一九三〇年代にハリドヴァール[*]で行なわれた「クンブ・メーラ[*]」という大きなお祭りのときのことです。ある男が、スヴァーミー・シヴァーナンダは結婚するつもりであるという、とんでもない噂話を撒き散らしたのです。その噂はやがてアーシュラムにも伝えられました。

話を聞いたグルデーヴは言われました。

「わかったよ。その男を大勢の人たちの前に立たせ、大声でその噂をしゃべってもらいなさい。その話を聞いた人たちがきっと、それを確かめるためにここにやって来るでしょう。そうしたら、その人たちに『二十の大切な心の教訓』を配ってあげましょう。そして、一緒に神の名前を歌うことにしましょう！」と。

グルデーヴには、まったく恐れるということがなかったのです。

もう一つお話ししましょう。

あるとき、若い女性がここに来たことがありました。彼女は自分の名前どころか、どこから来たかということさえ語りませんでした。ただ、「わたしは結婚していないのですが、お腹に赤ちゃんがいます。どうしようもなくて、自殺するつもりでリシケーシに来たのですが、その勇気がありませんでした」と語っただけでした。

グルデーヴは、世間の人たちがするような中傷的な質問はもちろんのこと、何一つ彼女に訊ねませんでした。

彼女は、身につけているもの以外、何も持っていませんでした。グルデーヴは新しいサリーをすぐに二、三枚届けさせ、彼女のためにだれかの部屋を空けさせました。これらすべてのことが三十分もしないうちに行なわれたのです。

彼女はここで二、三カ月ほど暮らしました。その後、グルデーヴは女性信者の一人を彼女につけ、出産のために他の町に行かせました。そして子どもが生まれたと聞くと、グルデーヴは、以前から養子を欲しがっていた信者の夫婦宛てに手紙を書きました。彼女が子どもを連れてここに戻って来ると、その夫婦に子どもを託しました。こうしてすべてが終わったのです。

正しいことを行なうのに恐怖などありません。しかし、恐怖を感じないということと、傲慢な態度とは違うということを忘れないでください。

傲慢さからではなく、また、人が何を考えているかを気に病むのではなく、正しいことなら恐れることなくなされるべきなのです。

「アバヤ」(abhaya, 無恐怖、安全)は、横柄さや傲慢さとはまったく異なるものです。横柄さや傲慢さはラジャ*

スイックであり、まったく非精神的なものですが、無恐怖は、「あらゆるものが一つである」ということを理解したうえで生じるのです。

ヨーギーが「あらゆるものが一つである」ということを本当に悟ったときにだけ「無恐怖」は生じるのです。それは何かに反発することによって生まれるものでもなければ、傲慢さから生じるものでもありません。「あらゆるものが一つである」ということを悟った当然の結果として起こることなのです。

わたしたちは、このことをスヴァーミー・シヴァーナンダの中にはっきりと見ることができました。グルデーヴは生まれつき謙譲な方で、グルデーヴご自身のほうからいつも適応されていました。ですから、グルデーヴの場合、争ったり反抗したりということは一度もありませんでした。

カルマ・ヨーギーにあるべきもっとも基本的な性質は、どんなときでも、いつでも、適応したり、順応したり、調整したりする用意ができているということです。それができないならば、カルマ・ヨーガはできません。神や人に奉仕することはできません。

人や物事に対して、自分のほうから適応したり、順応したり、調整したりするのは、決して自分の心が弱いからではありません。立ち上がることができないから、仕方なく服従するということでもありません。それは優れた智慧の現われなのです。

ですから、ここで言っている「無恐怖」とは、普段わたしたちが考えているような「恐いもの知らず」とはまったく異なるものなのです。

恐いもの知らずの人というのは、一般には世間の意見などものともしない反抗的な人を指します。しかし、グルデーヴの「無恐怖」は、何が正しいかを悟ったところから生まれたものです。グルデーヴの行為は、世間の意見に反発してではなく、世間のいうことをまったく恐れないところから出ているのです。

グルデーヴは、自分の考えや信念について、他の人と議論したり、抗議に応じたりはしませんでした。自分の哲学で、相手を説得するということもしませんでした。

たとえば、ある問題について語り合っていて、グルデーヴのほうが間違っているように思えたときなど、「分かったよ。お前のよいと思う方法でやってみなさい」と言われることがよくありました。しかし、結局は後になって、グルデーヴが正しく、わたしたちのほうが間違っていた、ということがよくあったのです。

見知らぬ人が議論をふっかけてきても、グルデーヴは決してその論争に巻き込まれることはありませんでした。その人が言ったことを徹底的に、そしてたいへん忍耐強く聞かれていました。そして、チャーイやフルーツや本を差し上げたのです。これでは論争など起こりようがありません。

グルデーヴは、無恐怖とは「あらゆるものが一つである」という理解に立脚しているということをご存じでした。そして多分、グルデーヴはわたしたちがいつか、そのことをちゃんと理解するということを信じていてくださったのだと思います。

なぜならば、わたしたちあらゆるものは「一つ」であるからです。

クローダ――憎しみ

「クローダ」(krodha, 怒り、憤怒)は、『バガヴァッド・ギーター』の中に、「憎しみ」や「嫌悪」と同義語のように説かれています。

「憎しみ」というと、ある種の攻撃的な振るまいを連想します。しかし、攻撃的な行為は憎しみの一面にしかすぎません。憎しみの根本的な性質は、何かを判断したり、裁いたり、非難することです。

わたしたちは、他人のことを間違っている、悪い、愚かだ、救いようがない、などと批判することがあります。

その結果、その人を憎むようになります。しかし、憎んでいるということをごまかして、よくこう言います、「彼を憎んでなんかいないよ。彼の行為を憎んでいるだけだよ」と。

これではまるで、わたしたちが間違いのない正しい判断を下すことができるかのようです。わたしたちの下す判断は、罪人と罪とを分けることができるほどすぐれたものなのでしょうか。罪人を憎むことなく、罪という抽象的なものを憎むことができるほどすぐれたものなのでしょうか。実際には、とても難しいということがお分かりでしょう。

グルデーヴはよく言われていました。

「罪というのは、ちょうど赤ちゃんが成長していく過程において過ちを犯してしまうようなものだよ」と。

こう考えられるようになれば、人を裁いたり、非難したりすることはなくなるでしょう。たとえば、あなたの子どもがなにか誤ったことをしたとしても、いきなり罰を与えたりしないで、優しく注意するのではないでしょうか。それが他人になると、なぜ大騒ぎして、厳しく裁いたり非難したりするのでしょうか。さらには憎んだりするのでしょうか。

憎しみもまた、恐怖と結びついているものなのです。わたしたちはいつも、恐れている人を憎み、憎んでいる人を恐れています。

恐れがなければ、憎しみの入る余地はなくなります。非難したり判断したりしなければ、憎しみの入る余地はなくなるのです。

実はこれも、「あらゆるものが一つである」という哲学の中に学ぶことができるのです。この哲学は、グルデーヴ・シヴァーナンダの人生においても、カルマ・ヨーガにおいても、根本的な要素になっているのです。

エゴはラーガ、バヤ、クローダから構成されています

カルマ・ヨーガは、この「あらゆるものが一つである」ということを悟ることなしにはできません。「執着や恐怖や憎しみを放棄した」というごまかしを演じているかぎり、無私の行為をすることは不可能です。

わたしたちは、無私無慾になるために努力しなくてはなりません。無私無慾は頭で理解できるというものではないのです。頭で理解しただけでは本物の無私無慾にはなれません。エゴが中心になっているのですから。

では、どうすれば本物の無私無慾になることができるのかというと、それは、「自己」（エゴ）が真実ではないと悟ったときに、ごく自然に生まれるのです。

わたしたち人間が、ラーガ（愛着）、バヤ（恐怖）、クローダ（憎しみ）の三つの要素を持って生まれてきたということは、心理学者によっても明らかにされています。

これは、あらゆる人間が、この三つの要素をその内面に持っているということです。あるいは、自己（エゴ）というのは、これら三つの要素で構成されているということでもあります。

ですからもし、この三つの要素を取り除くことができれば、自己（エゴ）はなくなるはずです。あるいは、自己（エゴ）がなくなれば、この三つの要素もなくなるはずです。どちらかがなくなれば、もう一方もなくなります。

わたしたちはまた、この三つの要素は、年を経るにつれてますます大きくなっていくということも知っています。

なぜならば、自己（エゴ）はいつもわたしたちの中で形づくられているからで、この三つの要素もまた強さや

勢いをつけていきます。ですから、子どものほうが大人よりも恐れを知らないのです。子どもというのは、瞬間的に執着したり、瞬間的に怒ることはありますが、大人のようにいつまでもそれに執着していることはありません。

グルデーヴの怒り方

グルデーヴの場合も同じでした。怒ったとしても、それはほんのつかの間のことで、瞬間的なものでした。グルデーヴは悪いことに対しては、決して我慢をなさったり、見て見ぬふりをすることはありませんでした。そういう性格でした。

大勢のスヴァーミーたちの中には、妬むことを我慢したり、衝突するのを恐れるために、いつも笑っているような人がいます。

しかし、グルデーヴは違っていました。グルデーヴは、めったに怒ることはありませんでしたが、たとえ怒ったとしても一分ほどで鎮まりました。そして、怒られたあなたはグルデーヴのとても良い友人になれたのです。不自然な見せかけだけで怒るということもありませんでしたし、我を忘れて怒りを表わすということもありませんでした。それはまるで「怒りのスイッチ」を手の中に持っていて、それを自在に扱っているかのようにみえました。

わたしがこのアーシュラムでグルデーヴと共に暮らした十七年の間に、グルデーヴが本当に怒ったのを見たのは、たった二回だけでしたが、もう決して見たくはありません。それはとても恐ろしい光景でした。

怒りを表わした後、グルデーヴはしかし優しくほほ笑むと、すべてを忘れられたのです。怒るべき状況があったので、グルデーヴは「怒りのスイッチ」を入れたのです。その状況が終わればスイッチは切られたのです。なんともすばらしいスイッチではないでしょうか。

ですから、グルデーヴが怒ったとしても、それはわたしたちの怒りとはまったく違うのだということを、ここでもう一度言っておきたいと思います。しかるべき状況がそうさせた怒りなのです。

これでお分かりのように、グルデーヴは根本的に、三つの要素からまったく解放されていたのです。

聖者と呼ばれるような人たちにも「レーシャ・アヴィディヤー」、つまり「わずかな無明」はあるものです。たとえて言えば、石油ランプのマントルのようなものです。

石油ランプの中でマントルが燃えているとき、それはもう、使いはじめる前のマントルと同じではありません。燃え尽きてしまっても、手を触れなければ芯はまだそのままの形を残しています。

聖者もこれと同じようなもので、三つの要素――ラーガ、バヤ、クローダ――を持っているように見えるかもしれませんが、それは外見上のことにすぎません。この三つの要素は「智慧の力」によってすでに滅してしまっています。ただ、差し当たっては肉体をまとい物質世界に生きていますので、この三つの要素が表面的に見られることもあるのです。

苦しんでいる人の身体や心を通して、
神に奉仕している、という気持ちを持ちなさい

10 神の道具となること

ニミッタ・バーヴァナ——神の道具になる

バガヴァッド派の聖典の中に、短いけれどたいへんすばらしい話が伝えられています。それは次のような話です。

あるとき、クリシュナは牛飼いや牛などの仲間と一緒に森の中を歩いていました。

途中、彼らはたくさんのフルーツが実っている樹を見つけました。

クリシュナは仲間をその樹のところに連れて行くと、こう言いました。

「みんな！　あの樹を見てごらん。わたしたちはいつになったら、あの樹のようになれるのだろうか。果実でいっぱいになれば、樹は頭を下げる。それなのに、人というのは果実でいっぱいになると、傲慢になってしまう。学問もなく貧しければ人は謙虚でいられるのに、学問を身につけたり、お金持ちになった途端に、周りの人たちを見下すようになってしまう。たとえりっぱな徳を持ちたいと思っていても、持った途端に傲慢になってしまうものだ。その点、樹は果実をつければつけるほど頭を下げて謙虚になっていく。そして、なんの駆け引きもなしにこう言うんだ、『どうぞ、ここに来て果実を取っていってください』と。ほんとうの意味でカルマ・ヨーガを行なっているのは、このような樹だけなのかもしれない」と。

カルマ・ヨーガを考えるとき、とても重要な言葉が二つあります。

ニミッタ・バーヴァナとアートマ・バーヴァナです。ニミッタとは、「道具、手段」という意味です。たとえば、今あなたの手の中にあるペンは単なる道具で、文字はペンによって書き記されますが、ペン自体は書き手にはなれません。書き手はペンを持つあなた自身です。

nimittamātraṃ bhava savyasācin (XI. 33)

汝は単なる道具となれ。

『ギーター』の中で、「わたしはすべての行為の行為者である。わたしの道具となれ」と、クリシュナが語っているように、カルマ・ヨーガにおいては、あなた自身を神の手の中にある道具とみなすということが、たいへん重要なことなのです。

人の手の中にある道具としてのペンは、これは書こう、これは書くのはやめようといった意思を持つことはありません。それでは、わたしたち人間は、ペンと同じようにまったく意識することなく、謙虚に神の手の中にある道具となりきることなどできるものでしょうか。

わたしはそれをグルデーヴの生涯で学びました。

お世話していた十数年の間に、グルデーヴが「わたしは神の道具にしかすぎないんだよ」と言われるのを聞いたのは、おそらく二、三回だけだったと思います。しかもそれは、グルデーヴが周りの人たちに讃美されたときにだけ、控えめに語られたものでした。

もし、本当に神の手の中にある道具であるならば、もはやそのようなことさえ言わないのではないでしょうか。

ペンだって、自分が道具だなどと言わないでしょう。

よく「わたしは神の道具です」と言う人がいますが、果たして本当に心からそう思って言っているのでしょうか。

実は、その背後には、自分を際立たせようとする気持ちが働いていて、エゴが強い人になってしまう危険性が潜んでいるのです。自分が神の手の中にある道具であると本当に悟っている人は、そんなことを言ったり、考えたりすることなく、真に神の道具となるものです。

わたしたち弟子は、グルデーヴが何を、どのようになさるのか、ということをしっかりと見ていましたが、グルデーヴは真実、いつもこのような気持ちで生きておられたのです。グルデーヴの行為には、個人的な動機というものがまったくありませんでした。

人はその行為の中に利己的な動機がまったくないときにだけ、自分が神の道具であると自覚することができるのです。

道具としてのペンは「g-o-o-d」「b-a-d」「e-v-i-l」という言葉を、何も考えることなく、まったく同じように書いていきます。なんの動機もなく、過去や未来について何も考えることなく、ただ左から右へ、右から左へと書いていきます。

神の御心のままに生きる

同様に、真のカルマ・ヨーギーもまた、大いなる存在がそうしなさいとお決めになったことを自然に行なうだけなのです。わたしたちは、いつもそのことをグルデーヴの中に見てきました。グルデーヴがなされたことは、どんなことでも自然で純粋なもので、そこにはなんの打算も、利己的な動機もありませんでした。グルデーヴは、何かを特別に作り上げようとしたり、壊そうとしたことは一度もありませんでした。

かつて、アーシュラムの経営が破綻しそうになったとき、グルデーヴは言われました。

「アッチャー。そうかい、お金がまったくなくなってしまったのかい。分かったよ。それじゃ、食べるものはリシケーシの町に行って乞食《こつじき》することにしましょう」

それは、いとも簡単な口ぶりで、少しも落胆することなく言われたのです。きっとわたしたちだったら、苦笑いを浮かべたり、せいぜいやせ我慢をするくらいのものでしょうが、グルデーヴはその状況をほんとうに歓び楽しんでおられたのです。しかもこれは、グルデーヴが六十歳をとうに過ぎたときに起こったことでした。

グルデーヴは言われました。

「わたしは、もう乞食をしにリシケーシまで歩いて行けないかもしれないよ。すまないが、わたしのためにトンガー（馬車）を雇ってくれないかい」

もし、わたしたちにトンガーを雇うお金などあったなら、すぐにでもグルデーヴのためにここに食事を用意したでしょう。グルデーヴの召し上がる食事代など、トンガーを雇うよりずっと安上がりだからです。

しかし、グルデーヴはわたしたちと一緒にリシケーシまで乞食をしに行くために、トンガーに乗る気でおられたのです。なんとすばらしいお心ではないでしょうか。

アートマ・バーヴァナ――あらゆるものの中に神を観る

もう一つは、アートマ・バーヴァナと呼ばれるものです（ナーラーヤナ・バーヴァナとも言います）。これは、あらゆるものの中に神を観ることです。あらゆるものの中に存在する神に奉仕することです。

ここで間違えないでほしいのは、「わたしがあらゆるものの中の神に奉仕する」と考えるのではなく、ただ「あらゆるものの中の神に奉仕する」ということです。

なぜならば、「わたし」はすでに神の手の中にある道具に、形を変えてしまっているのですから。

「神の道具であるわたしたち」の奉仕は、同じ普遍的な神、同じ普遍的な存在に向けられます。それは『バガヴァッド・ギーター』第18章の中でも説かれています。

yataḥ pravṛttir bhūtānāṃ yena sarvam idaṃ tatam
svakarmaṇā tam abhyarcya siddhiṃ vindati mānavaḥ (XVIII. 46)

彼から行為のすべてが生まれ、彼によってこの世界が満たされているとみなして、すべての行為を彼への捧げものとするものは成就する。

あなたと出会ったすべての人が、その人たちを通して神に奉仕する機会を、あなたに提供してくれているのです。

それはまるで、神ご自身がそういう形であなたに会いに来て、神を崇拝する機会を与えてくださっているようなものです。

こういう教えは『ギーター』などを通して、数え切れないくらい聞いたことがありますが、実際にはなかなか見られないものです。

わたしはかつて、スヴァルガ・アーシュラムやマレーシアでグルデーヴと一緒に暮らしたことがあるという人たちから、グルデーヴが人に奉仕をなさっているときの顔というのは、それはもう、ほとんど官能的な表情にさえ見えたということを聞いたことがありました。

もし、グルデーヴがあなたに何かを与えることができたならば、その顔は明るく輝いたことでしょう。グルデーヴが人に何かを与えられるときには、その顔や眼に感謝の気持ちが現われました。その表情はなにか特別で、「神に奉仕している」と言っているかのように見えました。実際にグルデーヴがそう言われたかどうかは分かりませんが、グルデーヴの顔が明らかにそう告げているかのようでした。あらゆるものの中に存在している神に奉仕することは、「祈り」の最高の形なのです。

今までに述べてきた、ニミッタ・バーヴァナとアートマ・バーヴァナの二つの要素は、カルマ・ヨーガには欠かすことのできないもので、わたしたちはよく、それらについて、深く考えを廻らせることがあります。

しかし、わたしたちがある教えを吸収するためには、ただ考えるだけではなく、実際にそのような精神を持った人と一緒に暮らす必要がある、とわたしは思っています。

すべて幸福は神の意志によるものです
すべてをゆだね、安らかになりなさい

11　バクティ・ヨーガ

バクティとジニャーナ

カルマ・ヨーガ*は一般に、バクティ・ヨーガ*やラージャ・ヨーガ*へと進んで行くための前段階のものであると思われています。

グルデーヴ・シヴァーナンダはそのような考えに対し、カルマ・ヨーガを理解し行なうには、バクティ*やジニャーナ*が必要である、と指摘されています。

人は、マラ（mala）、ヴィクシェーパ（vikṣepa）、アーヴァラナ（āvaraṇa）という三つのものに苦しめられています。

マラとは、心・精神・習慣・くせ・サンスカーラ（潜在印象）などの中にある「不純、垢」のことをいいます。このマラが完全に取り除かれないかぎり、霊的な成長はあり得ません。

あなたがすでに、マラはカルマ・ヨーガによって取り除かれているというのなら、次にはヴィクシェーパ（心や精神に落ちつきがないこと）を取り除かなくてはなりません。そのためにバクティ・ヨーガはあるのです。

マラがなくなって心は純粋になり、ヴィクシェーパが取り除かれてその心が堅固なものになったならば、次は、ジニャーナによってアーヴァラナ（被覆、無智）を取り除かなくてはなりません。

聖典に説かれていることを文字通りに解釈すれば、カルマ・ヨーガとは単に、聖典で定義された日常の行為を忠実に行なうことという、ただそれだけの意味にとれます（わたしはそれを義務と呼びたいとは思いません）。わたしたちの一日は、朝の四時から夜の十時まで、さまざまな仕事や行為、習慣で占められています。そして、それらがまったく利己的な動機を持たないで行なわれたとき——たとえ天国に行きたいという動機さえも持たないならば——、それは心を純粋にしてくれます。これが聖典の言わんとする真のカルマ・ヨーガです。

また、これまで『バガヴァッド・ギーター』などで学んできたことでもありますが、わたしたちにはカルマ・ヨーガだけではなく、バクティやジニャーナも必要です。

なぜならば、どのような行為であっても——たとえば、瞑想をするにしても、マーラー*を使ってジャパ*を唱えるにしても、グルや仲間の世話をするにしても——、まったく何の動機も持たないで行なうということは、たいへん難しいことだからです。

そこで心はきっとこう訊ねはじめるでしょう。

「わたしはなぜ、こんなことをしているのだろうか?」

たとえ、あなたがこの答えを拒絶したとしても、心自体が答えるでしょう。

「わたしはカルマ・ヨーガを行なっているのだ」と。

しかし、それは間接的に「わたしは悟りたい」と言っているのと同じことです。

仮にわたしが、カルマ・ヨーガの精神であなたの衣服を洗ったとしましょう。そのとき、わたし自身こう考えます。

「わたしはカルマ・ヨーガを通して、サンサーラ（輪廻転生）の苦しみから抜け出そうとしているんだ。そして、永遠なる至福を得ようとしているんだ」と。

しかし、このように考えること自体、動機の一つであり、真のカルマ・ヨーガとはいえません。

それだからこそ、わたしたちにはバクティやジニャーナが必要なのです。

この世に取り除いてよいものなど何一つありません

グルデーヴ・シヴァーナンダは、矛盾したものを一つのものに統合してしまうという、たいへんすばらしい才能を持っておられました。どんなものでも、除外したり削ったりせず、意識的にさまざまなものを付け加えられたのです。

このことに関連して、グルデーヴの毎日の習慣に関するとてもおもしろい話があります。

わたしたちの歯は通常ならば三十二本なのですが、グルデーヴにはどうも、それ以上あったようなのです。

グルデーヴには腰痛、糖尿病、リューマチの持病がありましたが、医師が言うには、このような病気になるのは、歯が多くて口中にある種の毒素が溜まるからで、余分な歯は取り除いたほうがよいということでした。

グルデーヴはしかし、この世に取り除いてよいものなど何一つない、とその助言を拒絶されました。ただ、過酸化水素水で歯をきれいにする、ということだけは受け入れました。

その他にも、自然療法の専門家がやって来ては、グルデーヴに塩とマスタード・オイルがよいと言い、また他のだれかが、歯には「砕いた炭」がとてもよいと言うと、これも加えられたのです。

このようにいろいろな人たちの助言によってグルデーヴのための「歯磨き粉」ができあがったのですが、いまではわたしたちの手で製造され、グルデーヴのためばかりでなく、大勢の人たちに配られるようになったのです。

グルデーヴは言われました。

「わたしによいものなら、みんなにもよいはずだよ」

結局、歯を磨くということが実に大きな仕事となってしまいました。最初にこれ、次にはこれ、それからこれも、というように。

これと同じように、わたしたちがサット*・サンガをはじめるときに歌うキールタン*でも、神の名前が徐々に増えていったのです。

最初は「ジャヤ・ガネーシャ」「ジャヤ・グル・アーディグル」と、「ハレー　ラーマ」だけでした。それをだれかが、サラスヴァティー*の恵みの歌も必要だと言うとそれが加えられ、スブラフマニャ*、アーンジャネーヤ*などの神の名前も加えられていったのです。同様に、夜のアーラティ*のときにもいろいろな要素が付け加えられていきました。

どんなものでも、無視されたり捨て去られたりすべきではない、というのがグルデーヴの考えでした。反対に、加えたほうがよいのではないかと提案されたものはすべて受け入れられました。

このようにして、シヴァーナンダ・ヨーガと呼ばれる広大なヨーガには、あらゆるものが包含されていったのです。たとえ、さまざまなことを加えることによって何らかの矛盾が生じたとしても、神がきっとその矛盾を解いてくださると考えていたのです。

生活の中にヨーガの哲学を活かす

バクティ・ヨーガやカルマ・ヨーガに関しても、グルデーヴはたいへん興味ある態度や考え方をお持ちでした。

もし、グルデーヴに何かよいこと（わたしたちが一般に幸運とか幸せと呼ぶようなもの）が起こったときなど、よくこう言われたものです。

「おぉ！　これは神のお恵みです！」

また、グルデーヴによって奇跡が生じたときなど、たとえば弟子の一人が「昨日、グルデーヴがわたしに触れてくださいましたが、それから頭痛がすっかりなくなってしまいました」と言ったならば、きっとグルデーヴはこう言われるでしょう。

「わたしの力ではないよ。すべて神のお恵みだよ」

これこそ、本当のバクティの姿ではないでしょうか。

そしてもし、グルデーヴが足を痛めたり、何か不幸なことがあったとしても、こう言われるに違いありません。

「不幸も苦痛も苦しみも存在しないんだよ。すべてはマーヤー*のいたずらだよ」

これは、ジニャーナ・ヨーガの哲学です。

このように、グルデーヴはそれぞれのヨーガを、とても上手に組み合わせ、生かしておられたのです。

バクティ・ヨーガにおいても、グルデーヴはさまざまな様相を一つに統合されていました。通常、バクティ・ヨーガは、ガウナ（gauna, 第二の）とムキャ（mukhya, 第一の）の二つに大別されます。

ガウナとは、決められたことを忠実に行なうことです。プージャー*は昔から決められている方法で行なわなくてはなりません。決められた規則に従ってマントラ*を唱えたり、沐浴をしたりしなくてはならないのです。

グルデーヴは、決められていることはできる限り忠実に行ないました。お祭りのときなども、伝統的な方法で行ないました。もし、わたしたちがそういうグルデーヴを見たならば、ごく普通のバラモンと何も変わらないと思うことでしょう。沐浴の方法、衣服の着方、自分の額へのティラクの付け方なども、決められている方法を厳格に守っておられました。

シヴァラティ（シヴァとパールヴァティーの結婚日）やヴァイクンタ・エーカダスィー（ヴィシュヌ神の祭り）の日などは、何も召し上がりませんでしたし、一晩中起きていました。

ラーマナヴァミー（ラーマの誕生日）の日は、お昼まで食を絶っていました。

クリシュナ・ジャンマーシュタミー（クリシュナの誕生日）の日は、夜中まで断食されていました。

グルデーヴはこのように、規則や決まりを守るということについて、とても厳格な方でした。

ムールティ・プージャーとマナスィック・プージャー

グルデーヴの部屋には小さな祭壇があり、その祭壇でのプージャーが終わらない限り、ご自分は何も召し上がりませんでした。

祭壇にはシヴァ神の絵が祀られてあり（ときにはクリシュナ神）、毎日その祭壇に花を捧げ、ロウソクに火を灯してはプージャーをされていました。

そして、歩くことが可能な限り、グルデーヴはご自分の部屋（グルデーヴの部屋はガンジス河の近くにありました）から山の上にある寺院まで、一日に三度は上って行かれ、アーシュラムのプージャーもなされていたのです。

グルデーヴのこのような行為は、決められた規則を忠実に守ることができるのに、なぜそうしないのか、ということへのメッセージのように思えます。

「そんな規則などに従わなくてもよい」と、もしあなたが思うならば、それはあなたのエゴです。

もちろん、寺院に行ったとしても、エゴを大きくしてしまうこともあるでしょう。「わたしは一日としてプージャーを行なわない日はない」「わたしは毎朝三時間も瞑想している」というふうに。

何かをし続けようとするのがエゴです——寺院に行くこと。坐ること。瞑想すること。アーサナ*やジャパ*、プラーナーヤーマ*を行なうこと。わたしたちは、これらサーダナ*に関してはたいへんエゴイスティックです。だからといって、サーダナ・エゴを捨てるためにサーダナを放棄したとしても、エゴイズム以外なにも残りません。「エゴイズム」プラス「サーダナ」のほうが、「エゴイズム」マイナス「サーダナ」よりもましなのです。

グルデーヴの場合、ムールティ・プージャー（神像を礼拝する儀式・偶像崇拝）をとても楽しそうになさいました。グルデーヴにとって、寺院の中のムールティ（神像）は、単なる神像などではなく、実際に生きた存在だったのです。

ヨーギーならば、あらゆるものの中に神を観るように努力しなくてはなりません。あらゆるものの中に神を観たいと願いながら、神像の中に神を見いだすことを拒絶するならば、それは傲慢です。それがあなたのエゴなのです。ですから、あらゆるものの中に神を見いだそうとすると、わたしたちは何度も何度も自分自身のエゴに突き当たることになるかも知れません。

しかし、エゴと直面することの価値を認め、エゴを見つめるためにヨーガを行なっているのだ、ということを忘れなければ、それはたいへんすばらしい修行になります。

普遍的な神を悟るためには、まず神像の中に神を観ることです。神像は単なる造りものなどではありません。普遍的なものです。これまでにも実に多くの人たちが心からの信愛を神像に捧げ、さまざまな形でシャクティ（エネルギー）と呼ばれる力を与えられてきました。

グルデーヴは言われています。

「礼拝の対象は神像ではありますが、信愛の心は神にまで届きます」と。

グルデーヴはまた、マナスィック・プージャー（心の礼拝）もたいへん好まれ、よくガンジス河の河原に坐っては、ガンジス河とヒマーラヤに対し、このマナスィック・プージャーを行なっていました。『ギーター』の「ヴィブーティ・ヨーガ章」（第10章）にも、この二つ（ガンジス河とヒマーラヤ）は神の現われとして、特別に扱われています。

もし、あなたがヨーロッパ人ならば、テムズ河やアルプスを讃美すればよいのです。そして、これらの中にも神を見いだすことができたならばきっと、神とあなたとの本当の結びつきも分かるでしょう。その過程において、エゴも立ち去ってゆくでしょう。

あるいは、エゴが湧き起こってきたときは、それを観察するよい機会だと思ってください。

皆さんがガンジス河やヒマーラヤを見て、「神の現われだ、礼拝しよう」と心から思ったならば、あなたは何の心配もありません。しかし、「ただの山や河にすぎないじゃないか」と感じたならば、それがエゴなのです。そのようなエゴを見いだし、それを改善するようにしてください。

ですから、ムールティ・プージャー（神像の礼拝）と、マナスィック・プージャー（心の礼拝）の両方が重要なのです。どちらか一方というのではなく、両方です。

もし、わたしたちがマナスィック・プージャーに力を入れていても、ムールティ・プージャーを怠れば、マナスィック・プージャーが衰えたときには、すべてが無くなってしまいます。

それに対し、わたしたちが神像の礼拝を忠実に行なっているのなら、正しい心を持っているいないに関わらず、その行為はずっと続いていくことでしょう。そうしているうちに、正しい心も追随してくるようになるものです。

それから、パラ・プージャー（最高の礼拝）と呼ばれる状態が生じるのです。これはムキャ・バクティと同じものです。パラ・プージャーでは、あらゆるものが神の現われだと感じるようになります。わたしたち自身の生命を絶えることのない尊敬の対象とみなすようになるでしょう。

その心境を表わした讃美歌がたくさんあります。これはその中の一つです。

この身体はあなたの（神の）寺院です（わたしのものではありません）。毎日の生活を通して得られる歓びはあなたへの捧げものです。眠りはサマーディです。この寺院の中ではあなただけが唯一の実在です。歩いているときでも、あなたの寺院をいつも考えています。口から出るものはすべてあなたへの讃美です。神よ！　このようにわたしのすることはすべてあなたへの讃美です。

これがパラ・プージャーです。心の奥底からこのようなことを感じるために、人はムールティ・プージャー（神像の礼拝）とマナスィック・プージャー（心の礼拝）の両方を行なわなければなりません。

あらゆるものを礼拝する

グルデーヴは理論的であるのみならず、とても実践的な方でした。グルデーヴご自身は、パラ・プージャーの境地に到ってもまだ、プージャーを正確に実践する方法を考えておられました。

グルデーヴは『ギーター』の「ヴィブーティ・ヨーガ章」がたいへんお好きで、みんなにそれを読むように勧めていました。

グルデーヴは毎日、ご自分の部屋を出られる前に、まずヒマーラヤを見上げ、それから同じようにガンジス河を見つめられました。五、六分立ち止まられては心の中でヒマーラヤを礼拝され、ガンジス河を礼拝されるのです。部屋から出られたときに、太陽が昇っていれば太陽も礼拝されました。グルデーヴはあらゆるものを神の現われとして見ておられたのです。

それから、隣にあったわたしの部屋で二、三分過ごされるのですが、そのとき、よくマントラを唱えておられました。

ハロー　ハラ。　タット・トヴァン・アスィ。　オーム　シャーンティ。　バナミ・クダ・ムバラク。　ナマシヴァーヤ。　ナモー　ナーラーヤナーヤ。　ナモー　バガヴァテー　バースデーヴァーヤ。　ナモー　バガヴァテー　〇〇〇（弟子の名前を、一人ずつ入れて唱えておられました）。　ナモー　バガヴァテー　ガンガーラーニー。　ハリ　オーム　タットサット。

そして、大きな杖を手に、わたしたち一人ひとりに近寄り、顔を見つめながら「オーム　ナモー　バガヴァテー　いかがですか？　お元気ですか？」と、礼拝しながら歩かれたのです。

それは、決して空虚なうわべだけの言葉や行為などではなく、すばらしいプージャーやジャパの一つで、神聖なるものを絶えず念じつづけることでもあったのです。グルデーヴという方は、こうすることを何よりも好まれた方でした。

グルデーヴが仕事をされるためにオフィスに入って来られるときにも、わたしたちはすばらしい光景を見ることができました。

当時、グルデーヴの机の右側の壁には神の絵が何枚か飾ってありましたが、椅子に掛けられると、すぐに神の絵のほうに振り向かれ、それぞれの絵を十秒ばかりじっと見つめられたのです。こうすることによって、心は神聖なるものに結びつけられるのです。もし、壁に飾られた絵の中の一つがなくなっていたら、すぐに気づかれたでしょう。わたしたちはそれらの絵にあまり注意を向けることさえしなかったのに。

日常生活を送っているときは、どうしても神聖なるものとの結びつきが失われがちです。バクティを実践しているといっても、日常の生活の慌ただしさの中では、神聖なるものとの関係が失われてしまうこともあります。しかし、グルデーヴはそうなることを決してお許しになりませんでした。

グルデーヴは時々、オレンジの皮を剥いては、ガンジス河の魚の神に捧げていました。近くにいる猿にも、自分の食べる分から与えていました。

そのころ、アーシュラムでは苦労してフルーツを手に入れていました。アーシュラムには、フルーツを買う余裕などなかったのです。しかし、グルデーヴは、自分がフルーツを食べたいと思ったならば、きっと猿も食べたいと思っているだろうとお考えになっていたのです。

グルデーヴは、ご自分が使われているメガネケースや靴など、すべてを神聖なるものの現われと見ていました。それは、同じ心のあり方が、ちょうど同心円を描くように広がっていったもので、最初は寺院のクリシュナからはじまり、やがて靴やメガネケースへと移っていったのです。

グルデーヴはまた、メガネケースを閉じるときもたいへん優しく扱っていました。万年筆やメガネをあれほど優しくていねいに扱う人を、わたしは今までに見たことがありません。グルデーヴはその人生の中で、それがどんな些細なものであっても、壊したことなど一度もありませんでした。

ものを扱うときは、まるで生まれたての赤ちゃんを扱うときのように、とても優しくていねいになさいました。ショールを首に巻かれるときも、たいへん美しく優雅になさいました。それはまるで、優しく扱わなければ、ショールの中におられる神が傷ついてしまうかのようでした。

寺院では、シヴァ・リンガ*にバウルの葉を捧げますが、それもたいへん優雅で優しいものでした。

以前から、シヴァラティの日には、グルデーヴがプージャーをなさるためにシヴァ・リンガの上に数枚のバウルの葉を撒かれるのが常でした。ある日わたしは、葉が撒かれていないことに気がつきました。わたしは、バウルの葉がもっと必要なのかどうか、グルデーヴのほうを見上げました。するとどうでしょう、グルデーヴは周りの人たちに葉を配っておられたのです。神像だけではなく、周りの人たちも祝福されていたのです。「神は神像の中だけではなく、あなたたちの中にもいらっしゃるのです」と言わんばかりに。

周りにいた弟子たちは、このことにだれも気がつきませんでした。もし、バウルの葉がもっと必要なのかどうかを確かめるためにグルデーヴのほうを見なければ、わたし自身そのことに気づかなかったでしょう。

このように、カルマ・ヨーガはバクティを伴っているときにだけ、本物になるのです。さもなければ、名声や栄誉などを求めるためであったり、偽善的なものになってしまうでしょう。

奉仕そのものは、たいへんすばらしいものです。しかし、それはヨーガとはいえませんし、解脱や自己実現に導いてくれるものでもありません。

バクティは、わたしたちの日々の、瞬時、瞬時のカルマ・ヨーガと結びついていなくてはなりません。

「あなたが何であるか」は、神からあなたへの贈りものです
「あなたが何になるか」は、あなたから神への贈りものです

12 スヴァーミージーのヨーガ

単独で行なうヨーガはない

スヴァーミージーは、*カルマ・ヨーガや*バクティ・ヨーガなど、それぞれのヨーガを他のヨーガと切り離して単独で行なわれことはありませんでした。

わたしたちは、ある特定のヨーガのスペシャリストになれるということはないのです。

グルデーヴはよく次のような話をしては、医療のスペシャリストたちをからかっていました。

「百年前には、家族全員があらゆる病気をファミリー・ドクターに診てもらっていたものだが、今では、各人が病気の種類ごとにそれぞれの医師に診てもらっているよ」と。

グルデーヴの観点からすれば、ヨーガというものは分けて行なわれるようなものではないのです。

カルマ・ヨーガも、バクティ・ヨーガも、*ハタ・ヨーガも、単独で行なうことはできないのです。たとえば、*アーサナだけを単独で行なえば、それはただの体操や運動と同じことになってしまいます。ハタ・ヨーガの中にも、バクティ・ヨーガの中にも、カルマ・ヨーガの中にも、瞑想や*ジニャーナが含まれていなくてはなりません。

ですから、ヨーガの流派というのは、あらゆるものを含んだヨーガという大きな樹の、それぞれの枝に当たるということなのです。

カルマ・ヨーガの中にもバクティ*が含まれていなければなりません。バクティなしにはカルマ・ヨーガはあり得ませんし、また、バクティの精神を持った正しい行為であれば、どんなことであれ、カルマ・ヨーガに変えることができるのです。

反対に、バクティの精神が伴われていなければ、どんな高貴な行為であっても、それは社会奉仕でしかありません。

グルデーヴはわたしたちに言われました。

「お前たちが人の脚を揉んであげているときは、神の脚を揉んであげているという気持ちでやりなさい。〝サルヴァタハ　パーニパーダン〟――手も脚もすべてが神さまなんだよ」と。

このような気持ちがその行為の中にあるならば、それは立派なカルマ・ヨーガになりますし、もしそういう気持ちがなければ、それはカルマ・ヨーガとはいえません。

カルマ・ヨーガを行なうには、ラーガ（愛慾、執着）やドヴェーシャ（憎しみ）から解放されていなければならないといわれています。しかし、こういわれていること自体、カルマ・ヨーガは必然的に、わたしたちが社会との関わりの中で行なわなければならないということを示唆しているのではないでしょうか。

カルマ・ヨーガを、だれもいない洞窟の中でたった独りで行なうことなどできません。社会の中に、人びとの中にあってこそ、社会や人びとに奉仕できるのですから。

ブッダはたいへんおもしろいことを語っています。

「世界中のすべての人に褒められた人もいなければ、すべての人に非難された人もいない」と。

ラーマ、クリシュナ、イエス、ブッダのような人たちに対しても、批判はあったのです。このような偉大な方たちでさえ、すべての人を満足させることはできませんでしたし、すべての人から認められたわけではなかったのです。わたしたちができなくても当然なのです。

ある人が、とても幸せに暮らしている場合を考えてみましょう。おそらく、その人の周囲のほんのわずかな人たちだけがそれを認めるだけで、他の大勢の人たちはきっと、あれこれ欠点を探したり、批判したりするでしょう。

このようなとき、あなただったら、そのような妬みや批判を受け入れますか。あるいは、まったく無視しますか。

これについて、グルデーヴはたいへんすばらしい答えをされています。

「わたしが人に奉仕するとき、その人の中にいる神に奉仕しているのです。しかし、人がわたしを侮辱するとき、それは、その人の中にいる神がしているのではありません。わたしを侮辱しているのは、その人の口から出た〝空気〟以外のなにものでもないのです。あるいは、〝この世のすべてのものはマーヤー*である〟というジニャーナ・ヨーガの智慧を知れば、侮辱の言葉は何の意味も持たないのです」

傷つけない、傷つけられない

侮辱の言葉などで真のあなたは何ひとつ傷つきませんし、それを侮辱だと思う必要もありません。相手の口から単に空気が出たにすぎないのです。真のあなたに何の影響も与えることはできません。

そして、ほんとうにそう受け止めることができたとき、反感の気持ちもなくなりますし、嫌悪することもなくなるのです。

もし、何かに傷つけられたならば、アヒンサー*もカルマ・ヨーガも実践することができなくなりますし、愛を込めて奉仕することもできません。

「傷つけない」「傷つけられない」――これはたいへん重要なことです。カルマ・ヨーガを一所懸命に行なうことによって、わたしたちはこの状態にまで導かれます。カルマ・ヨーガのエッセンスは、この不傷害の状態に達することなのです。

人を傷つけてはいけません。人から傷つけられてもいけません。もし、あなたがだれかに傷つけられたならば――反感を持とうが持つまいが――、そこには潜在的に、反感や抵抗が潜むことになるからです。

たとえば、あなたがだれかに傷つけられたとしましょう。あなた自身は相手に反感も持たず、仕返しもしないかもしれません。しかし、友人に「この間、彼にひどいことを言われたけれど、ぼくはただ笑ってやり過ごしたんだ」などと言ったならば、それは、あなたの友人の中に敵を一人つくってしまうことになるのです。

確かに、あなた自身は反感も仕返しもしなかったかもしれません。しかし、これでは友人があなたの代わりになったも同じです。これでは「代理の暴力」になってしまいます。あなたが実際に殴らなくても、人に殴らせるように仕向けているようなものです。

このように、わたしたちは自分が傷つけられたとき、たいへん暴力的になり、攻撃的になるものです。そこには、相手に仕返しをしたいと思うたいへん攻撃的なエゴがあります。このような気持ちがある限り、そこにはアヒンサーもカルマ・ヨーガもありません。これでは神に仕えることも、あらゆるものの中に神を観ることもできません。

一般には、奉仕をすることがカルマ・ヨーガだと考えられています。人の中に神を観ることがバクティ・ヨーガだと考えられています。これらのすべてを、識別智をもって扱うことがジニャーナ・ヨーガだと考えられています。

しかし、グルデーヴはこれらすべてを統合され、実践されていたのです。

どれだけ行なったかではなく、その質が大切

わたしたちが何かを行なうとき、他の人と同じように上手にできなくても、そんなことは大して重要なことではありません。

『ラーマーヤナ』*に次のような話があります。

ヴァナラスは海を渡ってランカー島に行くために橋を造っていました。彼らは山を引き抜き、海の中に投げ込むことができる特別な力を持った人たちでした。ヴァナラスのたいへんな働きぶりをみて、小さなリスたちは何をしたらよいかクンクン嗅ぎ回り、自分たちには何ができるのかと探し回りました。小さなリスたちには、ヴァナラスのように岩や木を海に投げ込むことなどできません。そこでリスたちは海辺まで走っていって身体を濡らし、砂浜に寝転がって砂を濡れた身体にいっぱいくっつけました。そして皆が橋を造っているところに走ってゆくと、身体を震わせてわずかな砂粒を落としたのです。少しでも橋造りの役に立つようにと。

ラーマ王子はこれを見るとたいへん喜ばれ、リスの背中を三本の指でやさしく撫でてあげました。こうして、リスの背中に三本の筋が見られるようになったのです。

どこかのだれかが、すばらしいことをしたかもしれません。一方、あなたにはこの話のリスのように、砂粒を撒くくらいのことしかできないかもしれません。しかし、それで十分なのです。その気持ちが大事なのです。

『マハーバーラタ』*をはじめ、他の聖典の中にも、これと同じような教えを説いたストーリーがいくつもありま

す。大切なのは、どれだけ成し遂げたかという量的なことではなく、その気持ちなのです。

わたしたちが神を心から信じているのならば、あらゆる存在の中に神を観ることができるはずです。病気の人がやって来たら、神が病人に姿を変えてやって来たのです。貧しい人がやって来たら、神が貧しい人に姿を変えてやって来たのです。わたしたちに奉仕という行為をさせるために。

心の純粋性を保つために、あなたは自分の感情や精神の状態を、しっかりと見つめなければなりません。それは絶え間ない瞑想と同じです。どんなときにでも瞑想状態になければ、カルマ・ヨーガやバクティ・ヨーガを行なうことは不可能です。

ムールティ・プージャーは、徐々にマナスィック・プージャーやパラ・プージャーに変わっていかなくてはなりません。今、自分がどんな状態にいるのかを知るために、注意深く観察しなくてはなりません。

それは先ほども言いましたように、絶え間ない瞑想と同じものです。人の中に神を観るという経験をするために、ムールティ・プージャーはあるのです。

しかし、わたしたちは、人の中に神を観ているかどうかということを、いったいどうやって知ったらよいのでしょうか。

わたしたちが寺院などに行ってプージャーを行なうとき、心の内部で言葉では言い表わせない何かを感じることがあると思います。実はそれが、自分がいま現在、神の前にいるのだという感覚なのです。あなたは、これと同じ感覚を、どんな人といるときにでも感じることができるでしょうか。実は、そのように感じられるかどうかが試金石となっているのです。

寺院では神の存在を感じても、その他のところでは単に友人や先生や生徒である、としか感じられないのならば、それはあなたの中のエゴがそうさせているのです。それはまだ神を観ていないということなのです。

あなたはそのことをしっかりと見つめなければなりません。それができないならば、精神的成長も望めません し、カルマ・ヨーガも、バクティ・ヨーガも、実践することはできないでしょう。

自分以外の人たち（たとえばグルのような）に奉仕することはとても重要なことです。どうか、グルを礼拝し、グルの中に神を見いだせるようになってください。

容易なムールティ・プージャー

なぜムールティ・プージャーを行なうことを勧めるのかというと、容易であるからです。神像や偶像にはエゴというものがありません。じっと動かずにそのまま立っていて、動こうともしませんし、瞬きすらしません。

それに対し、人間としてのグルに奉仕をするときは、グルに合わせたり順応したりすることが難しくなったり、少し嫌気を感じたりすることがあります。

なぜならば、グルもまた現実に生きた存在だからです。

グルに会うと、心はすぐにこう思います。

「グルはこれが好きで、あれが嫌いだ。わたしはグルを喜ばせなくてはならない。きっと、ああすればグルは喜ぶだろう。こうしたら喜ばないだろう」等々。

ここにはさまざまな個人的かかわりや感情があります。しかし、ムールティ・プージャーの場合は、個人的かかわりも感情の行き違いもありません。ですから、ムールティ・プージャーのほうが、グル・プージャーよりも容易であるといわれるのです。

ムールティ・プージャーを行なっている間、その礼拝の中に、献身の中に、愛情の中に、嘘いつわりのない純粋な教えを学びとるようにしてください。それから、グルに対しても同じようにしていくのです。あなたの心は、同心円状に大きく広がってゆくことでしょう。

最初にムールティ・プージャーを行ない、あなた自身の心を観察するのです。神の前に立ったとき、心や精神がどんなことを感じているかをしっかりと観察するのです。それからグルのところに行き、いま、自分が神像の前に立ったときと同じような情熱を感じているかどうかを観察するのです。

あるいは、エゴが湧き起こってきて、「このグルはどんなタイプのグルだ。いつもわたしをいじめている」「わたしがしてほしいことを何もしてくれない」などと思っていないか、よく観察するのです。こういうときこそ、あなたのエゴを観察するよいチャンスなのです。

寺院の中で神に礼拝することも、グルの中の神に礼拝することもできるようになったとしましょう。しかし、あなたのグルバーイー（同門、兄弟弟子）に対してはどうでしょう。神やグルのときと同じ気持ちになれないかもしれません。そのときにはもう一度、自分自身をしっかりと観察するのです。

こうして、広がってゆく同心円の中に神の普遍性を実感できるようになるのです。これがバクティ・ヨーガです。このことを理解しないならば、あなたはただの偶像崇拝者のままで終わってしまうでしょう。

グルデーヴ・シヴァーナンダのような、最高のバクティに到達された方でも、神像崇拝はやめませんでした。「わたしは悟った。だから神像崇拝など必要ない」と考えるならば、それはエゴがそう思わせているのです。グルデーヴにはそういうところがまったくありませんでした。

礼拝や儀式に費やす時間が少し短縮されることはあっても、グルデーヴは生涯、礼拝をやめてしまうことはありませんでした。

一九五六年から五七年（七十歳頃）にかけて、グルデーヴは寺院まで上って来られるのが難しくなっても、寺院でのプージャーを諦めてしまうことはまったくありませんでした。肉体的に不可能になるまで、やめらることはありませんでした。

グルデーヴが大切にされたサット・サンガ

バクティ・ヨーガだけでなく、ジニャーナ・ヨーガにしても、他のどんなヨーガにしても、これらヨーガのサーダナ*で最も重要なのがサット・サンガです。

一九四〇年代のサット・サンガは〝ジャヤ・ガネーシャ・キールタン*〟から始められました。それに続いて、だれかがサンスクリット語で『バガヴァッド・ギーター』の朗読をしました。次に、いくつかのキールタンが歌われ、また別の人によって『ウパニシャッド』や『ヴィシュヌ・プラーナ』、バーガヴァタの聖典や他の教典が読まれ、そしてまた全員でキールタンを歌いました。すべてが終わるまでに一時間くらいはかかったでしょうか。サット・サンガはとても重要です。なぜならば、あらゆるヨーガの実践の精神を支えているのが、このサット・サンガだからです。サット・サンガがなければ、自分の中の実践の精神が失われてしまっても何も気づかず、自分にどんなトラブルが起こっているのかさえも分からなくなってしまうでしょう。

このような理由もあって、グルデーヴはサット・サンガをとても大切にされていたのです。

グルデーヴご自身、病気のときや身体が衰弱しているときなどは、事務所での仕事は休まれることがありましたが、サット・サンガだけは、決して休まれることはありませんでした。

サット・サンガが行なわれている間は通常、脚を伸ばすことは許されませんが、グルデーヴは、床に坐わることができないときには、椅子に腰掛けられてサット・サンガを続けられました。椅子に腰掛けることさえできないときには、文字通り横になったままで続けられたのです。それでも決してサット・サンガを休まれることはありませんでした。

あるとき、アーシュラムに滞在していた男の人がサット・サンガを欠席したことがありました。グルデーヴはそれに気がつかれると、次の朝、どうしてサット・サンガに来なかったのか訊ねられました。

その人は答えました。

「身体の具合があまりよくなかったのです」と。

グルデーヴは言われました。

「それが昨夜のサット・サンガに出なかった理由なのですか？　身体の調子が悪ければ、なおさら出るべきですよ。サット・サンガに出席すれば、身体の調子など必ずすぐによくなるのですから」

また、南インドから来た、とても恥ずかしがり屋の若い女性がいました。朗読が終わった後、だれか一人ずつキールタンをリードしなくてはならないのですが、彼女は自分にその順番が回ってくると言いました。

「スヴァーミージー。今日は喉の調子が悪く、声がかすれているので、キールタンはできません」と。

それを聞くと、グルデーヴは彼女にとても苦い喉の薬を渡されました。

だれであれ、サット・サンガに出ることを免除されることはありません。なぜならば、自分がいまヨーガの中でどんな状態にいるのか、自分がどこで何につまずいているのか、そして、どのように自分自身を強くできるかなどを知ることができるのは、サット・サンガにおいてだからです。

サット・サンガでは、「*スヴァーディヤーヤ」という、教典や聖典の体系的な学習がなされます。スヴァーディヤーヤは一般に、ラージャ・ヨーガやジニャーナ・ヨーガに属するものと考えられていますが、バクティ・ヨーガやカルマ・ヨーガのみならず、あらゆるヨーガにおいてもたいへん重要なものです。

このように、グルデーヴのヨーガは本質的にインテグラル・ヨーガなのです。

しかし、なぜそれをインテグラル・ヨーガと呼ぶのでしょうか。そもそもヨーガは、「インテグラル」（統合）という意味を持っています。単独で行なわれるヨーガなど一つもありませんし、専門化されたヨーガもありません。

わたしたちは、さまざまなヨーガを自分自身の中に統合しなくてはなりません。さまざまなヨーガを自分のものにしていかなくてはなりません。

スヴァーミージーのヨーガ、ディヴァイン・ライフのヨーガは特にそうでした。

「苦しみ」は決して不幸ではありません
それは人を成長させるのに大きな助けとなります

13　インテグラル・ヨーガ

ヤジュナ——儀式

カルマ・ヨーガには三つの不可欠な要素（ラーガ、バーヤ、クローダ）があります（「8・カルマ・ヨーガ」参照）。

同様に、バクティ・ヨーガにも、ヤジュナ（yajna）、ダーナ（dāna）、タパス（tapas）という三つの重要な要素があります。

ヤジュナとは「犠牲、祭式、崇拝、讃美」という意味です。ダーナは「布施、寄付、奉仕」、タパスは「禁欲的な生活、質素な生活、厳格な生活」のことです。

これらが伴っていない精神生活は本物ではありませんし、これらがないところには本当の意味の精神性もありません。

真の精神性を学ぶために、わたしはここでもう一度、「儀式や形式を無視してはいけません。その中に精神性を見いだしなさい」というグルデーヴ・シヴァーナンダの教えに触れたいと思います。

グルデーヴにとってヤジュナとは、自己を犠牲にして他に奉仕することだけではなく、文字通り儀式や祭式のことでもありました。

事実、アーシュラムでは毎日、何らかのハヴァナ（供儀）、あるいは祭式が行なわれています。パーダ・プージャー（グルなどの足もとに礼拝する儀式）も、ほとんど一日おきに行なわれています。

乾燥した二つの木切れを擦れば火が起こりますが、一方が湿っていたらどうなるでしょうか？　その答えとして、グルデーヴは次のように言われたかったのだと思います。

「擦り続けなさい。その行為が無駄になろうと、決してあきらめてはいけません。擦り続けなさい、心の火はいつか必ず燃えあがります」

グルデーヴは、ヤジュナ、ハヴァナ、あるいはホーマ（護摩）と呼ばれる儀式をやめてしまうことは決してありませんでした。

儀式というのは、単に火の中に供物を捧げることだけではなく、儀式を通して自己犠牲の精神が自分の人生に広くゆきわたることです。

犠牲という言葉には、「それを神聖なるものにする」という意味も含まれています。ですから、キリスト教では、人にパンやブドウ酒が捧げられるとき、それは神聖なものになるといわれているのです。あなたがギー（儀式に使う油）や他の供物を儀式の火の中に捧げたとき、それらは聖なるものになるのです。だからこそ、その中から聖なる灰（ヴィブーティ）が生じるのです。

火の中に投じられるもの自体は神聖なものではないとしても、その後に残ったものは神聖なものになるのです。

同様に、わたしたちの行為を神という宇宙的な火の中に供物として捧げるようにすれば、その行為はすべて神聖なものになるのです。

ダーナ――布施

ダーナ（布施、贈り物）が神に対して施される場合、それはたいへん特別な意味を持ちます。そのことが語られた祭文*やマントラがいくつかありますが、その中に次のようなマントラがあります。

tvadiyaṃ vastu govinda tubhyam-eva samarpaye

わたしはあなたに捧げものをいたします。神よ、何がお望みでしょうか。

しかし、わたしたちは神に、何を贈り物として差し上げることができるというのでしょうか。よく考えてみてください。わたしたちはいったい、何を自らの手で創ったというのでしょう。すべては神ご自身がお創りになったものではないでしょうか。神がお創りになったものを、わたしたちはただ拾いあげ、まるで自分のものであるかのように神に捧げるのです。

あらゆるものが神に属しています。すべて神によって創られたものなのです。わたしたちが創ったものなど何ひとつありません。それなのに、わたしたちはそれを神に捧げようとしています。そして、奉仕したり布施したりしたことを褒めてくれるよう主張するのです。

グルデーヴは、与える人のほうが受け取る人よりも優れているなどという考えは決してなさいませんでした。グルデーヴにとっては、人に何かを与えること自体が大きな喜びだったのです。どんな場合でも、グルデーヴはよくこう言っておられました、"patraṃ puṣpaṃ" と。

これはこういう意味です。

「わたしはこのこと（与えること）を通してあなたを礼拝します」

これはまた、グルデーヴがアーシュラムを運営していくときの姿勢でもありました。

さまざまな生徒や弟子、求道者たちがアーシュラムにやって来ましたが、グルデーヴは、来る人はどんな人（泥棒や悪人と知っていてもです！）であっても受け入れました。

そして、物質的なことに関しても、必要だといわれれば何でも与えました。しかしそれは、同じ神が片方の手で与え、もう片方の手で受け取るようなものだと考えておられたからです。

ですからそこには、「わたしがこれらのものを与えているのだ」という気持ちはまったくありません。このような、普通の人には見られない考え方がグルデーヴの中にはあったのです。

タパス――質素な生活

タパスとは厳格で質素な生活のことです。質素な生活をすることができる人だけが、カルマ・ヨーガを行なえるのです。ぜいたくな生活が好きな人には、カルマ・ヨーガはいうに及ばず、布施や奉仕をすることも、自己犠牲的な行為もできないでしょう。

タパスは精神生活の根本原理ともいえるものですが、これみよがしに行なわれるべきではありません。たとえばもし、「スヴァーミージー、あなた自身はそんなに立派なオーバーコートを着ていらっしゃるではありませんか」と言われたら、グルデーヴはきっと優しく気づかせてくださるでしょう。

「あなたの肩にかかっているのと同じショールが裁断され、このコートが作られているだけなのですよ。それに、長いショールは邪魔になることがありますが、コートは邪魔になりませんよ」と。

「祈り」という形のサーダナ

グルデーヴはわたしたちに、「祈り」という形の布施や奉仕を行なうことを強く勧められていました。しかし、それは身勝手な祈りであってはいけません。自分自身のための祈りではありません。

グルデーヴにとって、祈りは人生の一部になっていましたが、とくに〝マ*ハー・ムリティヤンジャヤ・マントラ〟には特別な信仰を持っていました。グルデーヴの信奉者は、自分や家族が病気になったときなどによく、〝マハー・ムリティヤンジャヤ・マントラ〟を唱えてくれるようにと、グルデーヴに手紙を書いてきました。

そんなとき、わたしたち全員がこのマントラを唱え、その人のためにどのくらいマントラを唱えたか、報告しなければなりませんでした。

会ったこともないその人の幸せを願って、ガンジスの河原に坐っては〝マハー・ムリティヤンジャヤ・マントラ〟を唱えるのです。

これが、グルデーヴがわたしたちによく推奨された、「奉仕」のもう一つの形なのです。この中には、サ*ーダナとしての不可欠な要素が入っています。ガンジスの河原に坐って一時間半ジ*ャパを唱えることは、わたしたち自身のサーダナであると同時に、それは他者への奉仕であり、人類への奉仕でもあるのです。

わたしたちは、そのことからは何の実益も得ることはできなかったかもしれませんが、どのようにしてエゴをなくすかという、大切なことを学んだのです。無私の奉仕と自分自身のサーダナとは、一体となっているのです。

そして、求められた数だけマントラが唱えられると、祭祀が行なわれ、それから貧しい人たちに食事が配られ、ようやく儀式は終わるのです。

そうするとまた、別の人からマントラ・ジャパの依頼があり、同じように繰り返されるのです。当時、このようなことが日常的に行なわれていました。

グルデーヴはわたしたちによく、人の幸福のために祈ることを勧められていました。他人の健康や幸福、平和のために祈り続けることは、あなた自身が聖なる恩恵をほとばしらせる「水路」になることなのです。池に溜まったままの水はいつか汚れて腐ってしまいますが、「水路」から流れ出ている水は決して腐ることはありません。これと同じように、「水路」になり続けることによって、わたしたちはいつも純粋でいられるのです。いつも聖なる恩恵で満ちていられるのです。

実は、この話自体には新しいものなど一つもありません。人びとは何百年も前から祈りを捧げてきたのですから。しかし、この中には、「祈り」というバクティ・ヨーガと、「無私の奉仕」というカルマ・ヨーガの理念とを結合させるという、グルデーヴのすばらしい考えがあったのです。

ジャパや祈りは、個人的な成長だけではなく、人びとへの奉仕としても重要な役割を持っています。それによって、個人的な進歩は無理なく自然にやってきます。

わたしたちが自分自身のことだけを考え続けるならば、それはエゴであり、問題があります。この身体の中に「わたし」がいるように、他の人の身体の中にもその人の「わたし」がいます。自分の中の「わたし」に祈る代わりに、他の人の中の「わたし」に祈るならば、エゴはなくなることでしょう。他の人の中にもまた「わたし」がいるのです。なぜ、他の人の中の「わたし」に祈らないのでしょうか。それは、わたしの中の「わたし」と同じではないのでしょうか。何か違いがあるのでしょうか。

祈りなさい。しかし、自分のためではなく、他の人の幸福・健康・長寿を祈るのです。祈り続けるならば、心がつくりあげた「自分と他者との違い」という幻影は、きっとなくなるでしょう。それは、エゴが破壊されていくことでもあるのです。これを続けていくならば、瞑想はなんの苦労もなくできるようになるでしょう。

お気づきでしょうか。わたしたちはこれまで、バクティ・ヨーガやカルマ・ヨーガについて語ってきたにもかかわらず、ラージャ・ヨーガの本質について語っているということを。これらのヨーガに、違いというものはまったくないのです。

わたしたちは絶えず注意深く観察し、瞑想し、内省することによって、実はヤマ*やニヤマ*を実践しているのです。意識することなしに、ヤマとニヤマを苦労なく実践しているのです。今までその名前について言及することさえなかったのにです。

自分のためではなく、人のために祈るなら心が乱れることもなく、グルデーヴが教えてくださったように、奉仕の行為としてマントラを唱え続けられるのです。

どんなサーダナも（瞑想でさえ）、心の中に目的や目標を持ってなされたならば、効果的でないばかりか、不安定さや落ち着きのなさを増長させ、逆効果になってしまいます。きっと三分おきに心に思い浮かべることでしょう。

「なぜ、空中に浮かないのだろう？　オーム・ナマシヴァーヤ。最初のマントラを唱えてから、少なくとも二インチは浮かなくてはならないはずなのに。オーム・ナマシヴァーヤ」と。

こんなことを考えること自体が、進歩の邪魔になっているのです。ですから、サーダナは他の人のために行なわなければなりません。そうすれば不思議と、何の苦労もなしに達成されるのです。

身体の健康について

グルデーヴはよく、身体の健康のためにアーサナやプラーナーヤーマを行なうようにと言われていました。グルデーヴはわたしたちに、身体を「神の住まわれているところ」として扱うようにと教えてくださいました。ですから、清潔で健康に保たなくてはなりません。自分自身のためだけでなく、神がお住まいになっている寺院なのですから。

スヴァーミージー自身、ご自分のお身体には十分気をつけられ、執拗に激しく襲ってくる病気にもかかわらず、たいへんお元気でした。健康を保ちながら仕事をしていくためには、どんなことでもなさいました。言い換えれば、仕事をしていくにはどうしても健康が必要なのです。

一九五〇年の「オール・インディア・ツアー」のマドラスでの日程は、たいへんきついものでした。そのとき、グルデーヴは六十三歳でした。朝の七時から夜の十時まで、プログラムに従って次々と走り回っていました。講演がここで行なわれ、バジャンがあそこで行なわれ、学校を訪問し、食事はまた別のところでというふうにです。

そんな中、ついにグルデーヴは熱を出し、喉を痛めてしまいました。

マドラスでの最終日、最後の集会がありました。会場には、一万から一万五〇〇〇人もの人たちが詰めかけていました。会場の外には、入りきれない人がさらに四、五〇〇〇人もいました。

関係者の一人一人がわたしたちのところにやって来て、こう言いました。

「もうおやめになるようにスヴァーミージーにおっしゃってくださいませんか。もう十分ですから。聴衆はただ、スヴァーミージーを見たかっただけなのです。一目お会いしたかっただけなのです」と。

しかし、スヴァーミージーは講演やキールタンを続けられました。でも、スヴァーミージーができる限りマイクに近づいても、聴衆はその声をなかなか聞き取れませんでした……。

身体は健康にしておかなくてはなりません。それは趣味や娯楽のためにではなく、仕事のためにです。

身体は神の住まいであり、そこに住む神がこの身体を通して人びとに奉仕をするのだという考えが、グルデーヴの人生の中にしっかりと根づいていました。もし、わたしたちも同じように考えることができたならば、身体の健康を無視することなどできないはずですし、健康に注意をするようになるはずです。

できる限り健康でいなくてはなりません。なぜならば、わたしたちの健康も幸せも、富みも平和も、すべて神に属しているのですから。

マントラと「心のバックグラウンド」

ハタ・ヨーガ、ラージャ・ヨーガ、バクティ・ヨーガ、カルマ・ヨーガなど、すべてのヨーガがお互いに結びついているという考え方は、スヴァーミージーのヨーガの際立った特長でした。

それがインテグラル・ヨーガなのです。もし、このインテグラル・ヨーガを確立できたならば、いつでもどこでもサマーディ*にいるのと同じことなのです。

スヴァーミージーのお側にいるとき、わたしたちは常に、自然にサマーディの状態にあり、心乱されることはまったくありませんでした。それは、なんとも譬えようのないよい気持ちでした。

しかし、いつでもスヴァーミージーのお側にいられるというわけではありません。そんなとき、なにか別の力に囲まれていると感じたり、落ち着かない不安定な気持ちになりました。

スヴァーミージーは、そういうときにはジャパをするようにと教えてくださいました。そうすることによって、わたしたちはいつでも、グルデーヴが言われた「Background of thought」（心のバックグラウンド）に触れていられるのです。

具体的には、自分のイシュタ・マントラを絶えず唱えるということでした。毎朝、起きるやいなやイシュタ・

マントラを唱えはじめるのです。それからベッドを出て、すばやく顔を洗い、そして静かに坐わり、ジャパを唱え続けるのです。

瞑想というものは、するというものではなく、自然に生じなければならないものなのです。グルデーヴは瞑想について、細かく描写されたり、説明されたりすることはありませんでした。グルデーヴにとっては、ジャパ自体が瞑想なのです。

たとえば、瞑想をするように言われたとしても、初めはただ気が散るだけなのではないでしょうか。また、自分では瞑想をしているつもりでも、実際には瞑想状態にいることはなく、ただそれを試みている状態ではないでしょうか。

しかし、マントラを唱え続けていれば、なんの欲望も起きず、心と闘うこともなく、なんの努力もなく瞑想状態に入ってゆくことができます。できる限りたくさんマントラを唱えるよう試みてください。もちろん、だれかと話をしているときなどはマントラを忘れても結構です。しかし、その人と別れたら、ほんの十秒か十五秒で自分自身の感覚を内に引き戻すという習慣をつけるのです。ほんの数秒で再び神と接触できるようにするのです。それから仕事を再開するのです。

これを続けるならば、やがて、だれかと話をしているときでも、何かを行なっているときでも、眠っているときでも、心の奥底でジャパを続けられるということが分かるでしょう。自然にそうできるようになります。そうなれば、瞑想は簡単にできるようになるのです。

スヴァーミージーがプラティアーハーラと呼ばれていた、つまり、どのようにして心や感覚器官のはたらきを意思の力で抑止するかという点においても、この「心のバックグラウンド」は大きな助けとなることでしょう。誘惑、恐怖、トラブル、興奮などを感じたときなど、あるいはだれかと論争して腹がたったとしても、マントラを繰り返すことによって、怒りを和らげることができるのです。

グルデーヴはその点においても、天才的なものを持たれていました。弟子たちがグルデーヴの前で論争をはじめたときなど、グルデーヴもつかの間その論争に加わったかのようにして、こう言われるのです。

「オーム　ナマシヴァーヤ」

そうして、すべてが終わってしまうのです。論争の状況がどうであろうと、論争がどんなに発展しようと、だれが勝とうが負けようが、そんなことは重要ではありませんでした。

「もう十分です」という意味で「オーム　ナマシヴァーヤ」と唱えられ、それですべて終わりです。

この方法はわたくしたちの人生において、たいへん大きな助けとなるのではないでしょうか。と同時に、なんの努力をすることもなく、わたしたちの「心のバックグラウンド」をずっと維持し続けられるようにしてくれるのです。そして、瞑想状態に入れるようにしてくれるのです。

決して不平を言いながら奉仕してはいけません
喜びを持って奉仕しなさい

たえず奉仕する機会をもとめなさい
奉仕は神への礼拝です

14　いつも神を想う

キールタンを歌うときは瞑想状態で

アーシュラムでのサット・サンガ*ははじめ、たいへん厳しい雰囲気の中で行なわれていました。マンジーラ（小さなシンバル）などのわずかな音さえ許されず、電灯も消され、祭壇にある小さなランプと、わずかに本が読める程度のランタンを除いて、ほとんど暗闇に近い状態で行なわれていました。

グルデーヴはいつも、愛や献身に対して、わたしたちが嘘いつわりのない誠実な態度で接することを求められ、決して偽善的なことを許すことはありませんでした。

たとえば、グルデーヴはよく、キールタン*を歌うときには眼を閉じ、聴衆に聴かせるのではなく、神に向かって歌っているのだという気持ちで歌いなさい、と言われていました。

あるとき、グルデーヴがわたしたちに見せてくださった絵は、スルダスが歌い、まだ幼いクリシュナがその前で坐って聴いているという、とても美しいものでした。

キールタンを歌うときは、自分の声や喉の調子、技術的なことなど何も心配することはありません。キールタンで大切なのは、心を込めて、信愛を込めて歌うということです。

シヴァラティ（シヴァとパールヴァティーの結婚記念日）やクリシュナ・ジャンマーシュタミー（クリシュナの誕生日）などの祭りの日には、サット・サンガは夜の十時まで延長されることがありました。そのときは、マンジーラを使ったり、立ち上がったり、歩いて歌うことも許されましたが、グルデーヴご自身が立ち上がられることはめったにありませんでした。

グルデーヴはとてつもない集中力で、夜の九時から明け方の三時まで、ほとんど立ち上がることなく、いつも眼を閉じ、静かな声で「オーム　ナマシヴァーヤ」と唱え続けられていました。

このように、キールタンを歌うとき、そこにはバクティ・ヨーガだけではなく、すでにその中にはラージャ・ヨーガも含まれているのです。瞑想状態にあるのです。

キールタンだけではありません。ジャパ*もまた瞑想状態で行なわなければなりません。行為と瞑想とがその中に統合されていなければならないのです。キールタンにしてもジャパにしても、否定的なことを考えながら行なったり、気晴らしのために行なってはなりません。

通常、瞑想というのは、じっと坐って行なうものだと思われていますが、グルデーヴはそうは考えていませんでした。たとえば、喧嘩をしている最中にでさえ、瞑想はできると考えていました。そうすれば、きっと眼を開けたままでも瞑想ができるようになるでしょうし、身体がどんなことをしていても瞑想状態を維持することができるようになるでしょう。

「アハン・ブラフマ・アスミ」「タット・トヴァン・アスィ」

偉大なスヴァーミーの一人、ニヒシュレーヤーサーナンダはこのことを、「アハン・ブラフマ・アスミ」*と「タット・トヴァン・アスィ」*という二つの有名な言葉でとても美しく表現しました。

「アハン・ブラフマ・アスミ」は「わたしはブラフマン*です」という意味です。そして「タット・トヴァン・アスィ」は「あなたはそれである」、つまり「あなたはブラフマンです」という意味です。

スヴァーミー・ニヒシュレーヤーサーナンダは言いました。

「あなたたちが眼を閉じ静かに坐って瞑想をしているとき、それは『アハン・ブラフマ・アスミ』、つまり『わたしはブラフマンです』ということを表わしているのです。そして、あなたたちが眼を開けて何か他のことをしているとき、それは『タット・トヴァン・アスィ』、つまり『あなたはブラフマンです』ということを表わしているのです」と。

このように、ブラフマンへの想いは、どんなことをしていても途切れることなく、ずっと持ち続けることができるのです。絶えることのない神の意識は、精神的な修行とか、サーダナ*と呼ばれるものに限られたものではありません。

インドでは一般に、朝の四時から六時まではブラフマ・ムフールタと呼ばれ、一日のうちで最も神聖な時間帯とされています。六時から九時の間はそれが半減し、九時から夕方の五時までは神聖な時間帯と最もかけ離れています。そしてまた、神聖な時間帯に戻るのです。

しかし、ブラフマ・ムフールタに限らず、あなたが料理をしているときにも、食事を配っているときにも、いつどんなことをしているときにも、この「神の意識」を行為のすべてに浸透させてほしいと思います。

けれども、初心者にとってはそれほどやさしいものではありません。ですから、最初はジャパを唱えたり、キールタンを歌ったりしているときだけでも、このような気持ちになるようにし、徐々に日常生活の中でも、神の意識で行なえるようにするのです。

日常生活の中でマントラを唱える

寺院の中だけでなく、世俗的なすべての行為の中でジャパや神の名を唱えることもたいへん効果的です。二、三の例をあげましょう。

初期の頃、グルデーヴは食事のとき、ご自身でローティ*の入ったバケツを持っては皆に配られていましたが、グルデーヴはそのとき、「ローティ！　ローティ！　ローティは要りませんか！」と叫ぶ代わりに、「ローティ・バガヴァン！　ローティ・マータージー！　ローティ・マハーラージ！　ローティ・ナーラーヤン！」と言いながら配られたのです。そして優しくローティを食器に盛ってあげていました。

わたしたちがアーシュラムで、お互いに「オーム　ナモー　ナーラーヤナーヤ」「オーム　ナマシヴァーヤ」「ハリ　オーム」などと挨拶をするとき、ただ事務的に行なっているだけだと思われるかもしれませんが、その気持ちは、意識的・無意識的にせよ、その後もずっと保ち続けられるのです。

グルデーヴは毎日、何かを数ページずつ書かれていましたが、最初の何行かはいつも「oṃ oṃ oṃ oṃ oṃ oṃ oṃ...」という言葉でした。そう書いている間にも、意識は「心のバックグラウンド」「神聖なる想い」に入り込んでゆくのです。

グルデーヴはよく、本を荷造りして郵便で送る前に、宛て名や住所が正しいかどうかなど、いろいろと調べられていました。そして、それら荷物を一つ一つ見ながら、「Right!」という代わりに、「oṃ tat sat. oṃ tat sat. oṃ tat sat.」と言われていました。

このように、わたしたちは、いつでも、どんなときでも、マントラを唱えるという簡単で積極的な方法を取り入れることができるのです。あまりにも簡単な方法だと思われるかもしれませんが、これはたいへん効果的です。真実とは簡単で単純なものです。もし、このような実践を毎日の生活の中で積み重ねていくことができたならば、たいへんすばらしいものになるでしょう。

心のバックグラウンドの重要性

グルデーヴは、「Background of thought」(心のバックグラウンド、心の背景)は心理的にも精神的にもとても大きな影響力を持っている、ということを確信されていました。さらに、人生におけるあらゆる問題を解くのにたいへん重要であると考えられていました。

あるとき、この国の実力者の一人がグルデーヴに会いに来たことがありました。

その実力者は四十五分ほど、世界の状況と現在のこの国の状況とを熱心に語りました。グルデーヴは相手の話を中断させることなく、時々、「フムフム」とだけあいづちを打っていました。

彼は話し続けました。

「スヴァーミージー。ますます成長していく現在の世界情勢と、低下してゆくわが国の情勢とをお聞かせしましたが、何か解決策はないものでしょうか。わたしたちは何をすべきなのか教えてくださいませんか」と。

彼は少なくとも三十分ほど、スヴァーミージーが何かすばらしい回答をしてくれるものと待っていました。しかし、スヴァーミージーはただこう言っただけでした。

「ラーマの名前を繰り返し唱えなさい。解決策はそれだけです」と。

スヴァーミージーの答えは決して冗談などではなく、真剣そのものだったのです。

どんな問題であっても、それは心が創りだしたものなのです。心は、断片的・部分的なことしか考えないからです。

もし、わたしたちが今、考えていること・情緒・経験・出来事などをフィルムのように一つひとつ冷静に見ることができたならばきっと、今よりもずっと対処しやすくなるでしょう。今までの記憶や想像などによってそれらを大きくしてしまい、見えづらくしてしまっているのは、心のせいなのです。

「心のバックグラウンド」の中に、神の意識の中に、ジャパを唱えている気持ちの中に、瞑想状態の中に、それらを封じ込めておくことによって破壊してしまいなさい。そうすれば、しばらくの間は現われないでしょう。

たとえば、わたしが瞑想状態にあったならば、他の人がわたしの名前を聞いたとしても、「スヴァーミー・ヴェーンカテーシャーナンダです」「何歳ですか」「五十九歳です」「結婚していましたか」「いいえ」「お子さんはいらっしゃいますか」「いいえ」と、これで終わりです。

ぶっきらぼうになったり、無作法になったりせず、その要点だけを答えるのです。答えたならば、また「心のバックグラウンド」に戻るのです。

人生における経験のすべてを、このように扱うことができれば、さまざまな問題も簡単に処理することができるようになるでしょう。

人生においては絶えず問題が起き、また消滅していきます。人生には問題はつきものです。しかし、どのような問題が起きたとしても、それは解決されるのです。わたしたちが神の意識から離れているときにだけ、優柔不断になったり、ぐずぐずと解決を引き延ばしたりしてしまうのです。

「何か行なったほうがよいのだろうか？　しないほうがよいのだろうか？　これは正しいのだろうか？　正しく

ないのだろうか?」

このように迷っているうちに、その問題は千倍にも膨れ上がってしまいます。わたしは、グルデーヴが迷われているところを見たことなど一度もありません。グルデーヴは問題が起きると、それを注意深く観察し、じっくりと考えました。しかし、実行に移すときには、たいへん迅速でした。

あらゆることを少しずつ行なう

よく、ヤマ*やニヤマ*を確立する前に瞑想はできないとか、試みても無駄であるとか、危険であるといわれていますが。しかし、スヴァーミージーがほんとうにその考えを受け入れていたとは思えないのです。

スヴァーミージーはユーモアを交えてよく次のように語っていました(スヴァーミージーはわたしたちに何か厳格な大切なことを言われるときにはいつも、たいへん面白おかしく語ってくださいました)。

「わたしたちが瞑想をはじめる前に、ヤマやニヤマを確立するのを待っていたら、結局は瞑想などできなくなるだろう」と。

なぜならば、わずか数回の転生において、わたしたちがヤマやニヤマを完全に成し遂げることなど不可能だからです。

ヤマの中の一つの項目、たとえばアヒンサー*だけでも完璧に行なおうとしたら、いくつかの転生が必要となるでしょう。また、サティヤ*を守るだけでも、別のいくつもの転生が必要となるでしょう。そうこうしているうちに、最初のアヒンサーはどこかに行ってしまいます。

インドの伝統によれば、わたしたちは、ヤマ(あるいはニヤマ)のある項目を十二年間継続し続けなければ、それはその人のうちに確立されないといわれています。もし、十一年十一ヵ月の間きちんと実践していても、次の朝、蚊を殺してしまったら、今まで積み重ねてきた徳が消滅してしまうのです。そして、そこからまた新たに、十二年間継続しなくてはなりません。ヤマやニヤマに挙げられている項目のうち、一つでもそれを確立するためにはいったい、どのくらいの年月がかかることでしょうか。

ですから、スヴァーミージーは、ヤマやニヤマが確立されるのを待つかわりに、アーサナ[*]やプラーナーヤーマ[*]、プラティアーハーラ[*]などを行なうようにと指摘されたのです。これらすべての実践を同時に行なうことが、よりすばらしい方法なのです。

ヤマやニヤマを無視してもよいなどと言っているのでは決してありません。それと同時に、ジャパや瞑想、プラーナーヤーマやアーサナも行なうのです。あらゆることを少しずつです。一つのことが他のことを助けてくれることがあります。そうして、わたしたちは共に調和し、共に成長してゆくのです。これがグルデーヴの考えでした。

すべての実践をしっかりと理解することが重要です。カルマ・ヨーガやバクティ・ヨーガも、また、ヤマ、ニヤマ、アーサナ、プラーナーヤーマ、サマーディも、機械的になってはいけません。これらのほんとうの精神や意味を理解し、なにか特別な動機づけや目的を持たないようにしてください。

ヨーガにゴールはない

あなたは、人生のゴールは「神の実現、神の存在を悟ること」である、ということを聞いたことがあると思います。スヴァーミージーもまたそのような表現をされていました。しかし、もしあなたがこれを、神を現実化することを意味していると理解したならば、それはまったく違います。

たとえば、とても暗い部屋に入ったとしましょう。どこに机があるのかまったく分かりません。しかし、ライトのスイッチを入れれば机は見えるようになります。そのライトのスイッチを入れることが、ヨーガを表わしているのです。スイッチを入れるということは、机を作り上げるということではなくて、たんに現実化されるだけです。机はずっとそこにあったのです。

ですから、神は現実化されるものではないし、それが人生のゴールになることもないのです。

ヨーガには「もうこれでよい」というゴールはありません。『ヨーガ・スートラ』*の中でパタンジャリ*は、わたしたちが行なうことは、意識の自由な流れを妨げているものを、単に取り除くよう試みているにすぎない、と語っています。

『バガヴァッド・ギーター』第6章の中で、クリシュナも「人は自己を浄化するためにヨーガを行なう」と語っています。

あなた自身を浄化できたときに、真実は、いつでも、どこにでも（あなたの中にもまた）、何の困難もなく現われるのです。つまり、明かりさえつければよいのです。何が現われるかは考えなくともよいのです。

ヨーガは、いつ、どこででも実践されなければなりません。一週間に一回であるとか、一日のうちの一時間というものではなく、わたしたちの一生を通じて行なわれるべきものなのです。

これが、グルデーヴ・スヴァーミー・シヴァーナンダの教えでした。

朝、神に会えたのならば
その日は一日中、神と一緒にいられるでしょう

15　エゴの道

神の多元性

長い間サーダナ*を行なっていると、少なくとも、次のような疑問が一度は生じることがあるのではないでしょうか。

ジャパ*や瞑想、キールタン*やサット・サンガ*などのサーダナは、それほど必要なのだろうか？

無私の奉仕では不十分なのだろうか？

儀礼的な礼拝などほんとうに必要なのだろうか？

ジャパや瞑想だけでは不十分なのだろうか？

わたしたちは、自分が行なおうとするサーダナを、他の方法と比べてみて、他よりも優れていると思っています。あるいは、自分の好きなサーダナだけを選び、それほど好きではないサーダナは行なおうとしない傾向があります。

実は、ここに思わぬ弊害があるのです。このようなサーダナの選択や比較はエゴがすることであり、サーダナを行なうのもまたエゴなのです。

究極の真実が『バガヴァッド・ギーター』の中に美しく語られています。

īśvaraḥ sarvabhūtānāṃ hṛdeśe'rjuna tiṣṭhati (XVIII. 61)

神はあらゆるものの心の中に住んでいる。

右の詩の中の"bhūta"とは、地・水・火・風・空の物質を構成している根本的な要素のことです。神はあらゆるものの中に存在している、というのです。

この詩を読んで、「もし、神があらゆるものの中に存在しているというのなら、なぜわたしたちは神を体験できないのか」という疑問が生じたならば、それはとても残念なことです。なぜならば、「もし」という言葉の中に、もうすでに疑いがあるからです。

このような神の多様性や多元性の問題は、それ自体それほど重要な問題を引き起こすことではありません。たとえば、頭には無数の髪の毛が生えていますが、問題は生じません。なぜならば、頭を一つとしてとらえているからです。ひとまとめにして、一つのものとして見なすことができるからです。

一方、人生においては、多様性はしばしば混乱を生じさせることがあります。そして、その混乱を作り出しているのが、「わたし」というエゴなのです。

エゴをなくすことができる確実なサーダナなどないように思われます。

人は簡単に言うかもしれません。

「BE GOOD. DO GOOD. そうすればエゴはなくなるでしょう。これこそ最高のサーダナです」と。

おそらくそのとおりでしょう。しかし、善い人になったり、善いことをするのは、言葉でいうほど簡単なことではありません。

また、他の人はこう言うかもしれません。

「それだけでは十分ではありません。*ヤマや*ニヤマも育てていかなければなりません。そのときにこそエゴが消え、*ニルヴィカルパ・サマーディという深い境地に入れるのです」と。

しかし、なんと仰々しい表現ではないでしょうか。

*アヒンサーとはいったい何でしょうか？

*サティヤとはいったい何でしょうか？

かつて、わたしたちの仲間に、人が嫌がることを平気で行なったり、言ったり、周りの人たちの感情を害することをなんとも思わない人がいました。

彼はこう言っていました。

「あなたたちのほうが外交的でそつがないのさ。その点、わたしはサティヤを実行しているから、ざっくばらんで、なんでも正直に言うんだよ。だから、あなたたちのことをバカだと思ったら、そのとおりにバカと言うんだよ」

しかし、こんなことはざっくばらんともいわなければ、気さくな態度ともいえません。ただ無礼なだけです。サティヤ（正直）ではなく、ヒンサー（言葉の暴力）です。

古代インド、マハーバーラタ時代の英雄、たとえばユディシュティラのような人は、決して嘘をつきませんでした。クリシュナ神自身が彼に、罪のない嘘をつかせたのです。もし、ユディシュティラが嘘をつくような場を与えられなかったらおそらく、彼はずっと自分自身を誇り続けて尊大な人になっていたことでしょう。

彼にとっては、嘘をつかざるを得なくなったことによって少しつつましやかになり、謙遜するような人になったほうが、尊大で横柄なサティヤムールティ（サティヤの権化）になるより、ずっとよかったのです。

サーダナの中心のエゴ

わたしたちはヤマを実践しますが、なぜ最初の段階でヤマのような行をするのかを忘れてしまいがちです。それどころか、その行でさえ、わたしたちのエゴによってなされるのだということも忘れてしまいます。

ヤマを実践することによって心が純粋になったとき、聖なる恩恵がエゴという暗闇を蹴散らしてくれるのだという考え方があります。そのとおりかもしれません。しかし、そのような境地に到る前に、わたしたちのエゴは非常に大きくなり、初めのころの考えなどまったく忘れてしまうかもしれないのです。

ヤマの実践を正しいと思っているのと同様に、わたしたちは、ジニャーナ・ヨーガの実践を正しいと思っています。そして、ジニャーナ・ヨーガを実践するためには、わたしたちはヴィヴェーカ（識別智）やヴァイラーギャ（離欲）などを身につけなくてはなりません。

このヴィヴェーカはある種の知的な鍛練にもなります。なぜならば、人は「真実」と「偽り」とをしっかりと識別すべきだからです。しかし、あらゆるものの中に真実と偽りの両方が混ざっているものです。これを識別しようとするところにまたエゴが生じるのです。そして、識別から生まれたエゴは、さらに識別を増長させていきます。エゴ自身が識別するものになるからです。

『バガヴァッド・ギーター』と『ヨーガ・スートラ』の両方の聖典に、ヴァイラーギャとアビャーサ*がとても重要である、と説かれています。

ずっと昔のことですが、ウッタルカーシー（ヒマーラヤ地方の聖地）に行ったことがありました。そこで、マウナ（沈黙の行）のために口をきいたことがないというアヴァドゥータ*にお会いしたのですが、どうしたわけか、同行していたチャイタニヤーナンダ・スヴァーミジーとわたしは、そのアヴァドゥータと二、三の言葉を交わすことができたのです。そして、そのときの話題がヴァイラーギャとアビャーサだったのです。

彼はとてもすばらしいことを語ってくれました。

「アビャーサは、わたしにブラフマンを気づかせてくれ、ブラフマンだけが真実だと悟らせてくれました。そして、ヴァイラーギャによって、この俗世間に縛られることは何もなくなったのです」

これは「ブラフマンをいつも忘れてはいけません。そして、この俗世のことは忘れなさい」という二つの偉大なる教えです。これはたいへんすばらしい教えです。

しかし、すばらしい教えではありますが、もし、このように自分自身のことを他の人たちから切り離してしまえば、エゴはかえって山のように大きくなってしまうでしょう。

そのような心で、どうして解脱などできましょう。どうして、あらゆるものの中に神を見いだすことなどできましょう。不可能です。

これらの教えは、たいへんすばらしいものです。しかし、それは悟ることとは別のものです。

アビャーサやヴァイラーギャを実践しようと思っているのはいったい、だれなのかというと、これもまたエゴなのです。「わたしは心を純粋にするために、天国に行くために、無私の奉仕を行なっている」と考えるのもエゴなのです。こうして、あなたはやがて、「自分の心を不純なものにしているのはこのような考えなのだ」と気づくのです。

スヴァーミー・クリシュナーナンダジーはこのことを、「カルマ・ヨーガはジーヴァン・ムクタ*を成し遂げた人のためのものです」と、たいへん簡潔に表現しました。それは、カルマ・ヨーガはヨーガに成功するためのサーダナではないということでもあるのです。

カルマ・ヨーガは、ジーヴァン・ムクタを成し遂げた人のローカサングラハ（世の中の人たちへの影響・働きかけ）なのです。しかし、わたしたちにエゴがあるからといって、カルマ・ヨーガを実践しなくともよいというわけではありません。

エゴがなくなるのは神の恩恵

わたしたちはバクティ・ヨーガを行なうことができると思っています。実際、寺院に行って一日中プージャー*を行なうこともあります。しかし、それもまたエゴによるものです。

また、わたしたちは瞑想をしますが、それもまたエゴが行なうものです。

では、このエゴをなくすことなどできるのでしょうか。

答えは「イエス」。神の恩恵がそうです。

では、どのようにしたら神の恩恵が得られるのでしょうか。

それは、出発点に戻ることです。それによって神の恩恵は得られるのです。神の恩恵は、神からの贈り物です。神にえこひいきや不公平はありません。神はあなたの善いところや悪いところを見て、報酬を与えるわけではありません。神からの贈り物というのは、そういう行為とはまったく関係ないのです。

『バガヴァッド・ギーター』の中で、クリシュナも語っています。

> 純粋な思いやりによって、わたしは信奉者に智慧を与えよう。それは、思いやりと同情からであって、それを受けるにふさわしい行為をしたからではない。

そうすると、あなたはきっとこう言うのではないでしょうか。

「分かりました。それでは、どうぞ神さま、あなたの思いやりでわたくしに恩恵をお与えください。わたしは何もしませんから」と。

何かをしようがしまいが、エゴはいつでも生じて、そのエゴの意思で何かを行ないます。エゴをなくそうとしていることの中にさえも、エゴはあるのです。

グルのもとに行き、信愛を捧げ、心を込めて奉仕するときでさえ、エゴは生じます。心の奥にはおそらく、立派なグルを得て「あなたのようになりたい」と言ったことを歓んでいる自分があるのではないでしょうか。このように思うこともまたエゴなのです。

神（アートマンあるいはブラフマンといってもかまいません）は、あらゆるところに遍在しています。それを実現するのに難しさなどまったくありません。

なぜならば、それが真実であり、現実だからです。

『ヨーガ・ヴァシシュタ』や他の聖典の中に、自己実現は手のひらのなかにある花を握り潰してしまうよりもずっと簡単である、と説かれています。花を潰すにはこぶしを握るだけで十分ですが、神を実現するには、こぶしを握る必要さえないのです。

このことを、スヴァーミー・クリシュナーナンダは「わたしたちはただ精神的眠りに陥っているにすぎないのです」と表現しました。

この世の中のこと、不幸や悲惨、悲しみや罪というのは、夢の中だけのことなのです。わたしたちは「無智」

という深い夢の中にいます。そして、この夢の中の経験を「悲しみと罪の世界」と呼んでいるのです。

では、どうすればこの夢を終わらせることができるのでしょうか。

そう、眠りから醒めれば夢は終わるのです。しかし、どうすれば自分自身で目を覚ますことができるのでしょうか。

神とは何かを、どのようにして知り、崇拝し、その存在を感じるのでしょうか。人は、眠っている自分を、どのようにして目覚めさせたらよいのでしょうか。


エゴの戯れは、生活のすべてに浸透しています。わたしたちが行なったすべてのことは——それが神聖なことであっても世俗的なことであっても——エゴによってなされたものです。あきらかに利己的でないと思われるような行為でも、エゴの働きによって穢されているものです。

わたしたちはしかし、「これはエゴだ。そこにはエゴによる強い動機や目的がある。以前ほどはではないが、わたしはエゴが強い」などと観察し、エゴの働きを見抜くことはできるはずです。

「わたしはかつてほど利己的ではなくなりました。少なくとも、他の人たちほどではないと思います。しかし、わたしにもまだ強いエゴがあります。寺院で神を礼拝しても、空しい気持ちになることがあります。また、いつも瞑想で三時間坐っていますが、そのことをとても誇りに思います。わたしには学問がありますので、感覚的な欲望に執着することはありません。そして、そのことをとても幸せだと思っています」というように。これらはすべて同じエゴの働きです。

やがて、わたしたちの奥深くにある「智」はこのことに気づき、この問題を解決できないために苦悩が生じ、血の涙を流すのです。

あなたの心は泣き叫ぶことでしょう。
「神よ、わたしはいったい、どうすればよいのでしょうか？　わたしにはエゴを取り除くことも、なくすこともできません！」

自分は利己的であるということの認識

このような状態になったとき、きっとあなたは、サット・サンガの価値や、グルへの奉仕の本当の意味を知ることができるでしょう。

なんの動機も目的も持たずグルに奉仕しなさい。そして、どんなときでも、自分は利己的であるという単純な真実を自覚していてください。できる限りはっきりと観察していてください。

インドに、「チャータカ鳥の諺」というものがあります。チャータカ鳥は、雨水しか飲まないといわれているのです。しかも、どんな雨でもよいというわけではなく、ある吉祥の日に空から降ってくる雨しか飲まないのです。そのほかは、ただ、吉祥の日に空から降ってくる雨を、口を開けて待っているのです。

このチャータカ鳥と同じように、あなたもここに来て、サット・サンガに加わりなさい。そしてある日、吉祥の日に降る雨を飲むように、グルや神のすばらしい恩恵によって飛躍し、エゴのスイッチを切り、悟りのスイッチを入れるのです。

身体が生きているかぎり、身体の中で心が働いているかぎり、エゴや性格も生き続け、働き続けます。しかし、このエゴや性格は永遠でもなければ、疑う余地もないほど現実的なものというわけでもありません。一時的な現象にしかすぎないのです。エゴや性格に永遠性を与えることは、無知な人がすることです。エゴの現実性を高めているのは無知だからです。エゴは概念だけなのです。

「エゴはまったくなくなりました」というふりをする必要はありませんが、「実際にはある」と主張するのも愚かで無知なことです。

概念と真実を見極める

グルデーヴは、概念は概念としてだけ見ていて、真実あるいは現実とは見なすことはありませんでした。たとえば、グルデーヴには〝スヴァーミー・シヴァーナンダ〟という名前がありましたが、グルデーヴはその名前が有名になったり、多くの人に語られたりするのを否定するということはありませんでした。

しかし、その名前が自分のもっている精神的な本質と結びつくことを許しませんでした。同様に、グルデーヴが称讃や非難を受けるとき、その事実と名前や概念との関係をしっかりと識別されていました。その称讃や非難が事実以上のものになってはいないか、自分の精神的本質や真実と関係してはいないかどうかなど。

わたしは、これに関する三つの出来事を思い出します。

一つは、アーシュラムで開かれた世界宗教会議で起こったことでした。あるスヴァーミーが、スピーチをする時間がほしいと要求したのです。そのとき、この会を組織していた人たちは反対をしましたが、それを抑えて、そのスヴァーミーに時間を与えたのはグルデーヴご自身でした。男は語りはじめました。しかし、その内容は宗教に関するものではなく、グルデーヴを批判するものでした。北インドではヒンディー語が使われているのに、グルデーヴはなぜ、英語で話をしたり本を書いたりしているのか、ということでした。

彼の話を聞いているグルデーヴの表情には、しっかりとその内容に注意を払っているという表情と、それを楽しんでいるという表情とが入り混じっていました。

グルデーヴは、そのスヴァーミーが語る事実だけをノートに記していました。しかし、〝スヴァーミー・シヴァーナンダ〟個人に対する批判は取り上げませんでした。なぜならば、〝スヴァーミー・シヴァーナンダ〟というのは真実と一致しない、さしあたっての機能的な名前にしかすぎないと考えていたからです。

高い僧職にある女性がアーシュラムを訪れ、アーシュラムで出しているグルデーヴの自叙伝の内容に鋭い批判を浴びせました。このときも、グルデーヴは同じように、顔を歓びでいっぱいに輝かせながら、彼女の言うことを注意深く聞くと、答えられました。

「分かりました。それがあなたをここに来させた理由なのでしょう」

彼女はグルデーヴに自叙伝の内容を改めさせるために来たのですが、グルデーヴと話をしているうちに、グルデーヴの性格を批判したり改めさせることなどまったく時間の浪費であるし、彼女が間違っていると非難した事柄も、実際には存在しないということを悟ったのです。

これはグルデーヴご自身の弟子の一人ですが、アーシュラムの食事の内容がアンバランスで健康的でないと、グルデーヴを批判したことがありました。グルデーヴはその弟子の言うことを注意深く聞かれ、アーシュラムの食事担当者に、特別に彼のための食事を作ってあげるよう指示されました。

個人的な所見や評言は真実と関係ありません。グルデーヴは、ご自分が非難されたときでも、動転することなど一切ありませんでした。反対に、だれかがスヴァーミー・シヴァーナンダの栄光をたたえても、決して得意になることはありませんでした。スヴァーミー・シヴァーナンダは機能的な名前にしかすぎないからです。しかし、それら非難と称讃の裏に隠された事実を、決して見落とすことはありませんでした。

概念を概念としてとらえ、名前を名前としてとらえることが大切です。それができるようになったとき、概念や名前などに関係なく、物事の真実を理解できるようになるのです。

自分自身の小さく狭いエゴから抜け出しなさい
そして、広い視野を持ちなさい

16 自己放棄

サーダナと解脱とは無関係

わたしたちがもし、これまでずっと語ってきた*サーダナのすべて——たとえば、奉仕、慈善、聖典の学習、*ジャパ、*キールタン、瞑想など——を実践したならば、あるいは、*ヤマ、*ニヤマの教えに従って美徳や長所を伸ばしていったならば、悟りに達することはできるのでしょうか。自由を手に入れることはできるのでしょうか。できないとしたならば、それはなぜでしょうか。

結局のところ、わたしたちの行為というのは、すべてエゴによってなされます。では、どうすればそのエゴを排除できるのでしょうか。あるいは、どのようにしたらエゴはなくなるのでしょうか。

たしかに、多くの修行をすることによって、りっぱな人になることはできるでしょう。それについては疑問の余地はありません。しかし、そこには*サットヴィックなことに縛られた、サットヴィック的人間になってしまうという危険性も潜んでいるのです。金の鎖に縛られるという危険性が潜んでいるのです。それは鉄の鎖でも、銅の鎖でも、銀の鎖でもありませんが、束縛されるという意味においては同じです。

精神世界には、また別の危険性もあります。

たとえば、一般社会ならば、エゴの強い人に対してはきっと、だれかがそのことを指摘すると思います。しかし、オレンジ色の衣を着たスヴァーミーならば、たとえエゴの強い人であっても人びとは崇拝するでしょう。

「ああ、このスヴァーミーの語ることは、なんと威厳にあふれていることか！」と。

もし、いいかげんで不親切であったとしても、人びとはこう言うでしょう。

「彼はたいへん厳しい人だ。そうやって、わたしたちを鍛えてくれているのだ」と。

このように、オレンジ色の衣を着た瞬間、わたしたちはすばらしいライセンスを手に入れることができるのです。

たとえ、わたしたちがサットヴィックな人になって、精神的な修行をすべて行なったとしても、その結果として解脱できるという保証はどこにもありません。なぜならば、解脱というのは、修行の結果や効果でもないし、ある原因によってもたらされるものでもないからです。

ですから、「解脱は原因の結果としてあるのではない。あらゆる原因よっても、あらゆる方法によっても達成できない」としばしば言われるのです。

それは、たとえば、わたしたちが自らを眠らせることができないのと似ています。眠気が襲ってくると、だるくなり、ベッドに行くことはできますが、わたしたちにできることはそこまでで、睡眠それ自体はおのずからやって来なくてはなりません。

神の実現は神次第

『カータカ・ウパニシャッド』は語っています。

このアートマン*はそれについて多くを語っても、語るのを聞いたとしても、知識がたくさんあったとしても、それ自体を得ることはできない。

では、アートマンを直感するには、どうしたらよいのでしょうか。

アートマンや神がそうしたいと思ったときにだけ、あなたにアートマンに関する智を授け、神ご自身その御姿を現わされる。

神の存在を悟れるかどうかを決めるのは、わたしたち人間ではなく、神ご自身なのです。マーラー*を持ったら、〝神を実現できるのは神ご自身だけです〟という言葉を、マントラ*として一千と八回唱えなさい。そうすれば、きっとある想念があなた自身の心の中に浮かんでくるでしょう。それは、「神さま、わたしの力では何ひとつできません。あなたの御前では無力です」という想いに違いありません。

しかし、これは、わたしたちが怠けて何もしないでよい、と言っているわけではありません。わたしは皆さんが、この「怠けて何もしないこと」と「神さまにお任せすること」との違いを、ちゃんと理解してくださることを望みます。

たとえば、実際に試してみるまでは、眼の前にあるその机を持ち上げることができるかどうか、だれにも分かりません。最初から、「わたしにはできません。どうぞ、神さまがおやりください」などと言うのは、怠け者の言うことです。

サーダナ（わたしが今までずっと語ってきたすべてのサーダナ）は、できる限りの力で行なわなければなりません。実際、自己実現という目標をもって、瞑想が、ジャパが、アーサナ*が行なわれてきたと思います。

しかし、これらサーダナはエゴによって行なわれるために、かえって真実の自己を覆ってしまうヴェールとして、次々と重ねられていく結果になることもあるのです。ですから、サーダナを行なえば行なうほど、エゴが大きくなっていくこともあるのです。

解脱とはエゴをなくすこと

自己実現というのは、自己やエゴが完全になくなっているということ以外のなにものでもありません。わたしたちは「これが真実の自己である」と知ることはできません。しかし、「エゴ」のほうははっきりと知ることができます。

エゴのもっとも強い人というのは、自分のことを、無私であるとか、エゴをなくした人であると思っている人です。

たとえば、病人に対して自己放棄的な奉仕をしているかのようにふるまう医師や看護婦たちが世界中にいます。しかし、もしそれによってお金や名誉が得られないとしたら、彼らは喜んで同じことをするでしょうか。

わたしたちはここで、ヨーガやヴェーダーンタ*について語り合っています。そして、こういう勉強を通して、人類に無私の奉仕をしているともいえる、と思います。

しかし、もしいま、自分たちの幸福や名誉や安全が脅かされるような状況になったとしたら、それでもまだ続けることができるでしょうか。

無私であるとか、エゴをなくすとかということは、そんなに簡単なことではありませんし、頭で理解できるようなものでもありません。

しかし、わたしたちはエゴのなんたるかを知ることはできます。少しの容赦もなく自分自身を見つめて、今までにどれだけたくさん「自分が行なったことはエゴからではない」というふりをしてきたかを自覚してください。もし、それを認めないならば、それこそエゴです。


守られたい、安全でいたい、認められたい、褒められたい、高い聖職の地位に就きたい、などと思うときにも、エゴや自我はあるのです。

もし、こういう気持ちから離れたいと思うならば、おそらく天国にでも行くしかないでしょう。しかし、どこかに逃げ出したとしても、わたしたちはきっと、自分を高めたいという気持ちは持ち続けることでしょう。これらすべてのことをしているのが「わたし」なのです。「わたし」というエゴのたわむれなのです。

同様に、神に祈りを捧げることさえも、「わたし」というエゴのたわむれなのです。

他人との関係、わたしたちの習慣・思考・言葉・行為などはすべて、欲望・怒り・強欲・虚栄心・嫉妬・自己中心・憎しみなどによって形成されています。わたしたちの行なう多くのことが、「エゴ」の働きであるこれら悪意によって汚染されているということを、まずしっかりと理解することが必要です。自分たちの中にあるこれら悪意や邪悪さを見ることができてはじめて、それらを取り除くことができるのです。

では、何によってこれらの性質を取り除くことができるのかというと、実は、それもまた「エゴ」の働きによってなのです。

人は変わるもの

同じエゴが、二、三年前には「わたしは悪い人間だ」と思っていました。しかし、今では「わたしは正しい人間だ」と思っています。

二、三年前、あなたは「わたしは○○○である」だと思っていたでしょう。しかし、今では出家して、「わたしは、スヴァーミー・○○○だ」と思っています。

かつて悪意に満ちた人間がいて、彼自身そのことに気づき、努力して善い人間になったとしましょう。しかし、その人が再び悪意に満ちた人間に戻るのに、さほど長い時間はかかりません。なぜならば、変えたつもりのもう一方の側は、まだそこにあるのですから。

プラーナ文献の中には、このことに関する教えが数え切れないほど説かれています。グルデーヴもかつて、この教えについてとてもすばらしい指摘をなされたことがありました。

グルデーヴは当時、さまざまな思い出とともに、インドの優れたスヴァーミーやヨーギー*、聖者たちを紹介する"Asrams and Saints in India"という本を書かれていて、その本で取り上げる予定の聖者たちのリストを書き上げておられました。グルデーヴは、その本の中で取り上げた聖者たちの生涯、作品、業績などが書かれているどのページに対しても、たいへんな崇敬の念をもたれていました。

グルデーヴは、そのリストを次々とチェックしていき、やがて、あるスヴァーミーの名前のところに来ました。そのスヴァーミーはたいへんすぐれたヨーギーであり、聖者でもありました。しかし、あるとき突然、当時していたことや、これから始めようとしていたことなど、すべてを投げ出して結婚してしまったのです。

そのとき、グルデーヴは言われました。

「この人をどうしようか？　彼はとても立派なヨーギーだったよ。だけど、結婚して……。それでも彼の名前を聖者のリストに入れようと思うんだ。聖なる人が俗なる人になったり、悪い人が善い人になったり。人はたえず変わり続けるものだよ」と。

人は、ラジャスィック*やタマスィック*な状態からサットヴィックな状態に変化すると思うかもしれませんが、変わる前の状態は依然として存在しているということを知っておいてください。グルデーヴが言われたように「人はたえず変わり続ける」のです。

自己から自己実現へ

自己（エゴ）から自己実現（悟り）へ、とても微細で霊妙な〝飛躍〟があります（でも、それはとても簡単なものなのかもしれません）。しかし、その〝飛躍〟は自分の努力だけでは不可能です。神やグルの恩恵によってもたらされるものだからです。

わたしたちが今まで学んできたことは、わたしたちの努力で達成できることでした。しかし、自己から自己実現への最後の〝飛躍〟は、人間の努力ではありません。恩恵だけがそれを可能にしてくれるのです。ですから、この〝飛躍〟はいまだに、書物に記されたり言葉で説明されたりしたことはなかったのです。

グルデーヴでさえ、その状態を言葉で説明することを拒まれました。それは、経験されなければならないからです。経験として自分の身に起こらなければならないのです。

バーガヴァタ派の聖典の中に、このことが「ジャダ・バラダの物語」として説かれています。ジャダ・バラダは、有名な高弟ラフグナに教えを授けているときに次のように語りました。

「いま、わたしがお前に語っているこの智慧は、学習によっても、俗世間を離れていたとしても、聖者になったとしても、禁欲生活を送ったとしても、あれこれの修行をしたとしても、決して得られるものではないんだよ。これらはすべて助けにしかすぎないのだよ。それは、聖なる人への奉仕によって、グルへの奉仕によって、偉大な人の聖なる足のほこりを浴びることによってのみ達せられるんだよ」と。

そのときにこそ、客観的なものから主観的なものへの微細な〝飛躍〟は起こるのです。「悟り」「神の実現」「自己実現」というのは、わたしたちに長い間つきまとっていたエゴ、また、それを真実だと思っていたエゴが突然、どこかに行ってしまい、その後にアートマンを観るということなのです。

客観的な世界は突然、客観的な世界であることをやめてしまいます。しかし、何も見えなくなってしまうというわけではないのです。それどころか、わたしたちは、そこに神が輝いているのを観るのです。それはすばらしい光景です。世の中のものがすべてどこかに消え去ってしまうということではありません。そこに、わたしたちが「神」と呼んでいる何かを観るようになることなのです。今までとは違った何かを観ることなのです。

そこには、すべてのものがそのまま残っています。しかし、そこには何も残っていないのです。木は木のままです。男の人は男の人のままです。女の人は女の人のままです。建物は建物のままです。すべてのものがそのままで存在しています。しかし、そこには何もないのです。

「これは縄であって蛇ではない」という悟りは、突然起こります。あなたが蛇を縄に変えるわけではありません。あなたが悟ったものは、眼に見えないものではないのです。実体は眼に見えないものではありません。ずっとそこにあるものです。

しかし、蛇だと思って見ていたものは、実は縄だったのです。それまでわたしたちは、この世界を世俗的な眼で見ていましたが、いまは*ブラフマンの眼で見ているからです。

あなたの心の中の眼が智慧をもてば、世の中のすべてがブラフマンになるのです。

心でも、言葉でも、行為でも、決して人を傷つけてはいけません

17　エゴの発見

ヨーガをしている、と思う「心の罠」

解脱や自由は、どのヨーガによっても達成されることはありません。ヨーガに対する態度や姿勢がどのようなものであっても、そこにはすべて罠があります。自己実現というのは、サーダナ*とは関係のないものなのです。

グルデーヴはかつて、ご自身の教えのエッセンスを、短い歌にして表わされたことがありました。

その歌の最初の行は、

Serve, Love, Give, Purify, Meditate, Realize.

あなたのできる限りの力でカルマ・ヨーガを行ないなさい。

神（大いなる存在）を愛しなさい。

チャリティ（布施）をしなさい。

ジャパ*や瞑想など、あらゆるヨーガの実践によって、あなた自身が純粋になりなさい。瞑想をして、ウパニシャッドの教えを悟りなさい。

次の行は、

Be Good, Do Good, Be Compassionate.

善い人になりなさい。善いことをしなさい。
憐れみ深い人になりなさい。

三行目は、

Enquire who am I, know the self and be free.
自分とは何かを問い、真実の自己を悟りなさい。
そして自由になりなさい。

そして、次の行が非常に重要なのですが、それは、

Adapt, adjust, accommodate, bear insult, bear injury, highest Sadhana.
適合しなさい。順応しなさい。適応しなさい。
無礼なことに耐えなさい。侮辱的なことに耐えなさい。
これが最高のサーダナです。

というものです。

はたして、わたしたちは日常生活の中で、本当にこれらを行なうことができるのでしょうか。
たとえば、最初の行に“Serve, Love, Give, Meditate, Realize.”とありますが、わたしたちは、カルマ・ヨーガを行なっていると思うことによって、バクティ・ヨーガを行なっていると思うことによって、少し上手にアーサナ*をやってハタ・ヨーガを行なっていると思うことによって、あるいは、一つのポーズで長い時間坐って深いサマーディ*に入っているということを自分自身や他の人に言うことによって、自己を欺いて満足させてしまうことができます。

エゴと直接向かい合う「適応」というサーダナ

その点、「適応」や「順応」はエゴを直接攻撃し破壊しますが、そう簡単にできることではありません。たとえば、シャツ、本、お金、果物など、わたしたちがいま所有しているものを捨てることは簡単にできるでしょう。なぜならば、心やエゴは、「後でまたたくさん手に入れればよい」と思うからです。

しかし、イデオロギーは物質を捨てるようなわけにはいきません。自分と意見の合わない人に対して、偽善的な気持ちからではなく、「あなたが正しいかもしれません」などと言うことができるでしょうか。

実は、こういうときこそ、あなたの中でなにが起こっているかを観察するよい機会なのです。そこには、地震、火事、竜巻、津波など、すべてが一緒になったかのような、激しい心の動きがあることに気づくと思います。それがエゴなのです。それをしっかりと見つめるのです。それに縛られてはいけません。それはわたしたちに害を与えるものです。いつもあなたの中でなにが起こっているかを見つめてください。そこには必ずエゴがあります。

いつでも、どんなときでも、このことに注意を払っていてください。だれかと議論をしたとしても、この「適応」や「順応」という言葉を思い出してください。しかし、それは相手を喜ばせるためでもなければ、あなた自身が不愉快な思いをするためでもありません。それではかえってエゴを大きくしてしまいます。

「わたしは、とても適応することが上手な人間である。謙虚な人間である」と。

だからといって、たとえあなたが周りの人たちに適応したとしても、だれも褒めてはくれません。あなたの幸せだとか、あなたが救われるかなどということは、絶対といってよいほど、だれも興味など持ってはいないのです。だから、他人を喜ばせることなどに気をつかわなくてもよいのです。周りの人たちに、あなたが偉大なヨーギーやサードゥや聖者であることを納得させようと一所懸命になる必要などないのです。そんなことは時間の浪費です。

グルデーヴ・スヴァーミー・シヴァーナンダがわたしたちに奉仕の心を語られるとき、この「適応性」「順応性」を特に大切なものとしてとり上げられていました。

グルデーヴはしばしば強調されていました、「強すぎる積極性や自己主張、ラジャスィック*・エゴはあなたの敵です」と。

これらは弱めていかなくてはなりません。それには、カルマ・ヨーガがあなたを助けてくれるかもしれません（あるいは、カルマ・ヨーガというのは自己主張の強いエゴを破壊した後にできるようになるのかもしれませんが）。人に対して施すほんのわずかな奉仕であっても、自分自身を他の人に適応させることを学ぶよい機会になるでしょう。バクティ・ヨーガ、ラージャ・ヨーガ、ハタ・ヨーガもあなたの助けとなるでしょう。しかし、それはあくまで助けになるだけで、解決の鍵になるわけではありません。

解決の鍵は、「適合」「順応」「適応」です。

エゴがまったくなかったグルデーヴ

わたしは、グルデーヴほどエゴのない聖者を見たことがありません。アーシュラム全体がグルデーヴの存在に依っていました。すべてのレンガがグルデーヴによって積まれていたのです。

一九四〇年代、グルデーヴはよく、グルは弟子よりも下位にあるということを伝えようとされていました。

わたしは、グルデーヴが弟子に対して独断的にものごとを言ったり、尊大な態度で命令したりするところを一度も見たことがありません。

グルデーヴが望まれたことを、わたしたちが上手にできなかったときでも、単に「では、これこれをしてみましょうか」と言われるだけでした。

反対に、グルデーヴにあなたの意見をよい考えだと思わせることができたならば、グルデーヴはこう言われるでしょう、「それはいい。そうしてください」と。

しかし、もしあなたがなにか大事な問題を指摘したときなどは、フルーツやミルクを持ってこさせて褒めるのです。

「お前はたいしたやつだよ！　お前のようなアイデアを持った者はだれもいないよ」

それから三十分後に戻って来てこう言います。

「さっき、お前はこの方法でやるとよいと言ったけど、わたしは、どうもそれほどよい方法だとは思わないんだ。こんな考えはどうかね」

このようにグルデーヴは、まず褒めておいてあなたのエゴを満足させてから、反対の意見があることや、反対する人がいるということを教えられたのです。

実はこういうときこそ、エゴとは何かを知るよい機会なのです。どうか、しっかりと自分のエゴと直面してください。

「適応」は最高のサーダナ

Adapt, ajust, accommodate, bear insult, bear injury.

適合しなさい。順応しなさい。適応しなさい。

無礼なことに耐えなさい。侮辱的なことに耐えなさい。

周りの人やものごとへの「適応」や「順応」は最高のサーダナであり、自己実現へのもっとも直接的な方法でもあります。なぜならば、エゴをまさに断ち切るからです。

だからといって、世間から批判されたり、傷つけられたり、侮辱されたりしながら生きなければならない、と言っているわけではありません。最善を尽くすこと、正しい方法で、正しい時に、正しい場所で、正しく行なうことはわたしたちの義務ですし、このことについて妥協すべきことはなにもありません。

しかし実際には、わたしたちのあらゆる行為に対して、いろいろと問題を感じている人がいるものです。そんなとき、わたしたちはどんな態度をとるでしょうか。

その最初の衝動は、そういう人を自分の周りから除外しようとすることではないでしょうか。あるいは、そういう人から離れようとすることではないでしょうか。そのような状況をなくしてしまいたいと思ったり、逃げ出そうとしたり、避けることではないでしょうか。

でも、そんなことをすれば、エゴを発見するという最高のサーダナを実践する絶好の機会を逃してしまうことになります。

グルデーヴはスヴァーミー・パラマーナンダジーへ宛てた手紙の中でこう言っています。

「わたしは、わたしのことを批判したり、そしったり、中傷したりする人が周りにいてほしいと思っています。傷つけ、侮辱する人がいてほしいと思っています」と。

これはマゾヒズムなどではありません。グルデーヴだって悩むことなど好きではありませんし、殉教者の苦しみを好んでいるわけでもありません。批判されたいわけでも、批判されるのを見たいわけでもありません。むしろ、グルデーヴはその意味では、自分の振る舞いにたいへんな注意を払われていましたし、できる限り社会の規範に従われていました。グルデーヴのなされたことすべてにおいて、周りから異議を唱えられるような振る舞いなど一つもありませんでした。しかし、それにもかかわらず、グルデーヴはいつも決まって他の人たちから批判されていました。グルデーヴのユニークな面が見られるのもそんな状況のときでした。

また、ときには直弟子に大っぴらにばかにされるようなことを言われたり、コソコソと批判されたりすることがありました――グルデーヴは陰で批判されていることをちゃんと知っていました――。しかし、わたしたちはそのようなときにさえ、グルデーヴの表情に不満や不愉快な感情をほんのわずかも見いだすことはできませんでした。グルデーヴの愛はいつも変わることがありません。

批評家たちは時折、グルデーヴに対し特別な扱いをすることがありました。しかし、それはほんとうに時折で、しかも重大なことではないときだけでした。そんなとき、グルデーヴは、それを嬉しがることも、喜ぶこともありませんでした――そんなときには別の罠があるということを知っていたのでしょう。

もし、あなたが正しいと思ったことをベストを尽くして行なったのに批判されたとしたら、おそらく楽しい気持ちになどなれないでしょう。

しかし、そういうときこそエゴを発見するためのよい機会でもあるのです。「わたしはだれなのか」ということを自問するよい機会なのです。そして、感情を害するとはどういうことなのか、「だれ」が傷つけられるのか、侮辱とはなんなのかを考えるよい機会なのです。

グルデーヴはよく、「侮辱や批判は、単なる風や空気の流れにすぎないんだよ」と指摘されていました。これは、侮辱や批判に対する一つの見方です。

ヨーガを行なっている人は、侮辱を単なる呼吸や空気と見なすべきです。自分に投げかけられた言葉を楽しんだり排除したりするのではなく、〝I〟を、つまり「わたし」を発見するのに役立てるべきです。

精神的な苦悩は、「いま苦しんでいる」という経験の真の意味を理解するために、うまく役立たせるべきです。その経験とともに、その苦しみの原因であるエゴを発見すべきです。そのときエゴは取り除かれ、真に自由になるのですから。グルデーヴはこのことを強調されたのです。

あなたにエゴとは何かを悟ろうとする強い熱意があれば、やがてはその熱意によって、エゴというものは本当は存在しないものだと悟ることができるでしょう。

そのとき、「徳」と呼ばれているものが努力なしにあなたの中に生じるのです。ヤマ*、ニヤマ*のすべてがあなたの中に生じるのです。今までずっと語ってきたような修行の成果が、努力なしにあなたのものになるのです。

あなたは無私の人になります——解脱は「無私の自己」が導いてくれるものではありません。無私となったときにはすでに解脱しているのです。すでに自己から解放されているのです。だから無私なのです。

自由で完全な境地に到達したい、解放されたい、解脱したいという強い願望があれば、やがては、エゴというのは、注意深い自己観察に欠けた結果、現われるのだということが分かると思います。もし、注意深さや用心深さに欠けるならば、エゴは再び生じるでしょう——ですから絶え間ない注意と用心とが必要なのです。

エゴの潜在性を注意深くしっかりと見つめること自体が瞑想なのです。他に瞑想はありません。エゴが生じるのを防ぐのが瞑想です。用心深く見つめること自体が光であり、洞察力なのです。そして、その光が輝いている限り、エゴという悪魔は目覚めることはないでしょう。それが瞑想なのです。あなたがなんという言葉で呼ぼうと、これが自己実現であり、神の実現であり、解脱なのです。

人から傷つけられないようにすることは
人を傷つけないことよりも難しいものです

18　統合的なヨーガ

個人の精神的成長と社会奉仕

シュリー・グルデーヴが歩ゆまれたヨーガの道は、わたしたちが一般に「統合的なヨーガ」（Yoga of Synthesis）と呼んでいるものでした。しかしそれは、「総合ヨーガ」とか「インテグラル・ヨーガ」と呼ばれているような体系化されたものではありません。

また、ヨーガという言葉自体が「総合」「結合」という意味を持っていますので、専門的なヨーガや特殊なヨーガと呼ばれるようなものはないのです。

人は何をすべきか、なぜ行なうのか、だれがだれに行なうのか、ということを知らなければ——さらに、正しい姿勢がそこになければ——本当のカルマ・ヨーギーになることはできません。

行為の中に献身や愛が表現されなければ、バクタ（神の信奉者）になることはできません。神像や絵、寺院の中にしか神を観ない人、神の創造物（物質をも含めたこの世の中）をみすぼらしいつまらないものだと考える人は危険です。

グルデーヴはわたしたちにしばしば、世間から離れたり、孤立してしまっては、「徳」は育たない、と警告されることがありました。たしかに、世間から孤立した状況の中で「徳」を育てることはできません。世間に生きること（カルマ・ヨーガ）や、愛や献身（バクティ・ヨーガ）なしには、ヤマ*もニヤマ*も、瞑想もジャパ*も不可能なのです。

グルデーヴは周りの人たちにいつも、個人の精神的な成長と社会への奉仕とを同時に行なうよう勧めていました。

しかし、だれかがときどきこう指摘することがありました。

「スヴァーミー・シヴァーナンダは、仕事そのものが神への捧げものであり、礼拝だと言っておられなかったですか」と。

たしかにそのとおりです。仕事自体が神への礼拝です。グルデーヴご自身、仕事はどんなものであれ――たとえそれが大臣の仕事であれ掃除人の仕事であれ――神に捧げられるべきであり、礼拝の行為として大切にしなければならない、と語られていました。

しかし、ここでいう「神の礼拝」とは、どういう意味なのでしょうか。

本当の意味で神を礼拝したことなどない人に、その行為を神に捧げるなど、できるものでしょうか。

わたしたちは何かを行なうとき、心はどうしても行為そのものに専念してしまいがちです。それでは、わたしたちがその行為を神へ捧げることができるようになるためには、どのような環境の中で心を育てていけばよいのでしょうか。

このような静かな雰囲気のアーシュラムとは異なり、ずっと騒々しく厳しい生存競争が繰り広げられている世の中で、いかにすればわたしたちの行為を神に捧げることができるようになるのでしょうか。

「世間との交わり」と「独りになること」

「仕事は礼拝です」――グルデーヴのこの言葉は、「仕事」と「礼拝」との両方が大切であることを意味しています。一方がもう一方を犠牲にするという意味ではありません。

もし、あなたが個人的なサーダナだけに専念して、社会奉仕はどうでもよいと考えているならば、それは自己中心的な生き方であり、利己主義であり、社会に依存しているだけであって、あなた自身を世間から孤立させてしまうことになります。

ですから、グルデーヴは、ヨーガ・サーダナという名目で独りになることを勧めるということはありませんでした。

グルデーヴはしかし、これとは別な形の「孤立」を命じられることがありました。

それは、個人的なサーダナと、グルや社会への奉仕との両方を統合して行なうというものでした。つまり、活動的な社会奉仕である「世間との交わり」と、心の中での礼拝である「孤立」とを統合させて行なうというものでした。これは、グルデーヴご自身が行なわれていたことですが、たいへん難しいものです。

どういうことかといいますと、大勢の人びとの中にいるときにもまったく独りであるということを悟り、森の中で独りでいるときにも、大勢の人びとと共にいるということを悟ることです。これらをどのように統合して行なっていくか、それを学ぶのがヨーガである、とグルデーヴはわたしたちに教えてくださったのです。

わずかでもグルデーヴと行動を共にしたことがある人ならば、大勢の人びとに囲まれていながらも、グルデーヴの顔や態度に、だれも触れることのできない孤高な姿を見ることができたのではないでしょうか。

独りで修行することの危険性

では、もし独りになったとしたら、どのような危険性があるというのでしょうか。

たとえば、「わたしは離欲した。すべてを放棄した人間だ。人との交際は好きではない。なにものにもかかわらないで独りで暮らしたい」と考えて実行したとしても、ダッタートレーヤや*ラーマナ・マハーリシやスカデーヴァでもない限り、むしろあなたは無気力で怠惰な、怠け者になるだけかもしれません。「孤立」したまま成長できる人というのはそれほど多くはないのです。

あなたが「わたしは解脱するために努力している」と思っている間は、実はあなた自身の「自我」「自己」が存在していることでもあるのです。「わたし」が解脱のために努力しているのです。「わたし」が努力している限り、解脱はありません。「わたし」から脱しない限り解脱はないのです。

グルデーヴはしばしば、「社会から離れて独りになっても成功し、精神的な太陽として輝き、全世界に智慧と祝福とを放つことができる人というのは、ほんのわずかな求道者やヨーギーだけだよ」と語られていました。

そのような聖者が実在することは確かに認めますが、それはごく少数で限られた人たちなのです。大多数の人たちにとっては、世間から離れた孤立の生活は危険でさえあります。

それに、世間から離れてしまったならば、「人への奉仕は神への奉仕である」というスローガンは掲げられなくなります。

無私の奉仕とは自分を無にした奉仕です。あなたがほとんど目立たなくなったとき、ほんとうの無私の奉仕の状態に入ることができるのです。

あなたが社会に奉仕をしているとき、大勢の人びとはこう言うでしょう。

「おぉ、偉大な人よ！　あなたはなんとすばらしい行為をなさっているのでしょう！」と。

そして、しばらくの間、あなたはこう答えるでしょう。

「いいえ、わたしは神のなさることのお手伝いをしているだけです」

それから、徐々にあなたは感じはじめます。

「そうだ、このすべての栄光は神のものだ。神はわたしの中におられるのだ。神とわたしはひとつだ」と。

あなたは確かに世間に奉仕をしたかもしれません。しかし、これではエゴがますます大きくなっていきます。

なぜならば、あなたはヨーガのもう一つの側面を無視しているからです。社会に対して大きな貢献をしているかもしれませんが、それではあなた自身の個人的なサーダナがどこかへ行ってしまいます。

グルへの奉仕だけでもいけません

社会への奉仕にエゴを大きくしていく危険性があるとしても、「グルへの奉仕」ならば、少なくともこのような危険性はないだろうと考える人もいるでしょう。

しかし、グルデーヴはそのような弟子の態度をまったく喜ばれませんでした。このことに関して、わたしはある出来事を思い出します。

それは一九四六年のある日のことでした。そのころアーシュラムにはたくさんの仕事があり、人手がまったく足りない状況でした。スヴァーミージーが、いまでは郵便局になっていますが、そこで仕事をされていたころのことです。

夕方の五時か六時ころ、わたしは自分の部屋でタイプを打っていました。そこへグルデーヴが突然入って来られ、こう言われました。

「何をしているんだい」

自分がいましていることを答えると、グルデーヴは言われました。

「今日はもうジャパをしたのかい。瞑想はもう終わったのかい」

わたしは立ち上がり、グルデーヴを見て答えました。

「いいえ、まだです。いま、この仕事をやっていますので……」

わたしは、グルデーヴと議論する気持ちなどまったくありませんでした。それに、部屋の貼り紙には「仕事は礼拝と同じです！」と書かれています。

それにもかかわらず、グルデーヴは言われたのです。

「そのタイプライターをガンジス河に捨ててしまいなさい！　さあ、仕事はやめて行きなさい。行って、しばらく瞑想をしてきなさい」

グルデーヴは、グルへの奉仕だけが重要なのではなく、一人ひとりのサーダナも同じくらいに大切なものであると、ご自身の生き方を通してわたしたちに示してくださったのです。

あらゆるサーダナを同時に行なう

そのころグルデーヴは、アーシュラムの活動や仕事にある一定の時間を振り当てられていて、ご自身のサーダナにも実に多くの時間を当てられていました。

年齢にもかかわらず、たくさんの仕事があるにもかかわらず、グルデーヴご自身のプージャーの時間も依然として持たれていました。身体の具合が悪くて床に坐れないときには、祭壇を高いところに置き、そこでご自身のプージャーを毎日行なわれていたのです。

グルデーヴは自らの救いのためにプージャーを行なわれていたのではなく、おそらく、わたしたちがそれを手本とするようにと行なわれていたのだと思います。

あらゆるサーダナを同時に行なうときにエゴの存在を発見することができるのです。自己観察によりエゴを発見し、実はエゴ（私という実体）は存在しないものだと分かったときに、はじめて無私の奉仕が可能となるのです。エゴは存在しないと悟らない限り、無私の奉仕はあり得ません。

しかし、実をいうと、実際はすべての奉仕が無私の奉仕なのです。なぜならば、何かをするエゴというのは最初からないのですから。奉仕をしようと思うのも、奉仕をするのも、すべて神のなさることなのです。

ですから、わたしがここに坐っているのも、こうして皆さんに語っていることを誇りに思いうれしく感じているのも、ほんとうにすべて神がそうなさっているのです。どうかこの真実を悟ってください。

もし、あなたが神は神秘的なものであると思うならば、さらにこのエゴも神秘的なものです。なぜならば、エゴ（私という実体）はもともと存在しないものだからです。そして、この非存在（壁に映る影のようなもの）であるエゴは取り出すことも、壊すことも、光を当てて消してしまうこともできないのです。

真にエゴを解明すること以外の方法であなたがエゴを取り去ることに成功したとしても、それではなんの意味もありません。

「真実の自己」を知ること以外の方法であなたがエゴと闘ったとしても、それでは逆にエゴを強くしていることになってしまいます。それが、ラーマナ・マハーリシが一つの場所にずっととどまっていた理由であり、ディヤーナ（瞑想）はエゴ的――エゴのする仕事という意味――であると語った理由なのです。それでは解決にはなりません。ラーマナ・マハーリシによれば、ヴィチャーラ（静観、観察）だけが解決策なのです。

個人的なサーダナと社会奉仕によってエゴをなくす

個人的なサーダナ（ジャパやプージャー、瞑想、その他のあらゆる行）を無視することなく、同時に、グルや社会、さまざまな形の神への奉仕も無視することなくヨーガの生活に入れば、エゴが生じる余地はなくなります。

朝の瞑想やジャパ、プージャーなどを行なうときも、エゴをなくすという意識を培っていったならば、その想いがますます広がっていくことが分かるでしょう。それは「無影灯（影を生みださないランプ）」のように光を放つでしょう。このランプは、あらゆる方向から光を当てたときのように影をつくらないのです。

それによって、たとえ修行以外のときでも、あなたが行なうことは、どんなことでも注意深く慎重になります。瞑想しているときにも、寺院で礼拝の儀礼をするときにも、あなたは自分のうちに神の存在を感じることでしょう。そして、寺院に祀られている神像の足元に一枚の葉を捧げるときにも、崇拝の歓びの気持ちといったものを感じるようになるでしょう。

このような気持ちや態度であらゆる行為がなされなければなりませんが、それは個人的なサーダナによってつくられていくのです。

しかし、もしあなたが個人的なサーダナだけに限定してしまったならば、心は出口も表現方法も見いだすことができません。したがって、自らのうちにそのような気持ちがほんとうに燃え上がったのかどうかを試すことはできません。

そこで、世間に出て人と交わり、あなたの義務や奉仕をするのです。そして、そうしているときに、あなたがずっと行なってきたサーダナがどのような意味をもっているか、効果があるかを、しっかりと観察するのです。

わたしたちが真に「Divine Life」（神聖なる生活）を生きることができるのは、そのように世間に出たときなのです。

「わたしは何もしていません。神がそうなさったのです」と心から言えるヨーギーになれるのは、そのときだけなのです。

ジャパや瞑想、プージャーなどの個人的なサーダナと呼ばれるものでさえ、それを行なうのは神なのです。

これらすべてのことを行なうのは神だけなのです。
神は神を通して神に奉仕するのです。

徐々にこの世の快楽というものから離れなさい
そして絶えることのない至福の中に生きなさい

19 〝愛〟――それが神です

グルはわたしたちの手本

わたしたちはこれまでに、聖なるグル、スヴァーミー・シヴァーナンダの哲学や教えを真剣に学んできましたが、終わりにグルデーヴの人柄や生き方を詳しく見ていきたいと思います。

なぜならば、グルデーヴの哲学や教えというのは、グルデーヴの生き方から生まれたものだからです。グルデーヴの生き方がグルデーヴの教えそのものであり、グルデーヴの教えがグルデーヴの生き方そのものであったからです。

グルデーヴは講義されることはめったにありませんでしたが、非常にたくさんの著書を残されました。その内容はほとんど、インドの伝統的な教えを伝えることに当てられていました。しかし、伝統的な教えを伝えるということの中にも、そこにはしっかりと、グルデーヴの特長ともいうべきものが入っていました。

その最大の特長は、もっとも難しい局面をいとも簡単なことのように見せたり、悪意に満ちた事実を魅力的なものに見せてしまうというものでした。グルデーヴの生き方と教えの中には、ユーモアのセンスと、言葉では言い表わせないほどの誠実さがあったのです。

わたしたちが「愛」について語るとき、そこには本当の愛とはほど遠い、誤った概念が存在していることがあります。そこでわたしたちは、本当の愛とはこういうものであると理解するために、グルデーヴのような方を見なくてはならなかったのです。

同じように、本当の修行とはこうあるべきであるということを知るために、グルデーヴのような方を見なくてはならなかったのです。

しかし、なぜグルデーヴのような方の手本を必要とするのでしょうか。そのような聖者のまねをするためなのでしょうか。聖者のまねをすることによって、わたしたちも聖者になれるというのでしょうか。

答えは「いいえ」です。模造ダイヤモンドはときには本物のダイヤモンドよりきらめくことがあるかもしれませんが、模造はあくまで模造です。価値がありませんし、役にも立ちません。同じように、偽の聖者は本物の聖者よりももっと輝いて見えることもあるかもしれませんが、それではなんの価値もありません。偽の聖者というのも、その中身は空っぽなのです。

『バガヴァッド・ギーター』の中にすばらしい詩があります。

yad-yad ācarati śreṣṭhas tad-tad eve'taro janaḥ
sa yat pramāṇaṃ kurute lokas tad anuvartate (III. 21)

最上の者が何かを行なえば、他の人びとも同様に行なう。彼が手本を示せば、人びとはそれに従う。

わたしはこのことについて、肯定するつもりも、否定するつもりもありません。なぜならば、さらに深い言葉がクリシュナによって語られているからです。

yadi hy ahaṃ na varteyaṃ jātu karmaṇy atandritaḥ
mama vartmā'nurvartante manuṣyāḥ pārtha sarvaśaḥ (III. 23)

わたしが自分の行為に従事しなければ、人びとはわたしの道に従うであろう。わたしが悪い手本となれば、人びとはそれに従うであろう。

人生の手本となるべき聖者や偉大なヨーギーとお会いしたとき、わたしたちの中ではどんなことが起こるのでしょうか。

たとえば、ラーマやブッダ、ラーマクリシュナやヴィヴェーカーナンダ、シヴァーナンダやダヤーナンダ、グル・ナーナクの信奉者に何が起こったのでしょうか。彼らはみなすばらしい聖者ですが、わたしたちは彼らと一緒に何をしたのでしょうか。

人びとは彼らの教えをまったくないがしろにして、彼らのために寺院を建てました。それどころか、もし彼らの生き方にある種の不完全さや欠点を見たとしても、人びとはその不完全さにさえついて行こうとしたでしょう。このことは、「わたしが悪い手本となれば、人びとはそれに従うであろう」と、クリシュナが語ったとおりです。

わたしたちは、自分の中にこれら聖者たちの放つ「香り」、あるいは「雰囲気」のようなものを吸い込むように試みなくてはならないのです。吸い込まれた「香り」や「雰囲気」は、わたしたち自身の魂に影響を与えたり、さまざまな形で表に現われるかもしれません。

それはちょうど、食べたものが活き活きとした身体をつくるように、眼や耳を通して入ってきたこれら真実もまた、わたしたちの心に吸収され、生きた真実となるのです。

愛の権化──スヴァーミー・シヴァーナンダ

スヴァーミージーは愛の権化のような方でした。その愛は、センチメンタルとかロマンチックという言葉から連想されるようなものではなく、神聖なものでした。それは、わたしや皆さんが知っている愛のすべての形を含んだ、たいへんすばらしいものでした。

グルデーヴの愛を語るとき、わたしたちはグルデーヴの「性質」と「教え」との二つを見るようにしなくてはなりません。そうでなければ、グルデーヴの愛を理解することはできません。

性質については、グルデーヴは幼少時代から、あらゆるものの中に神を観《み》、愛していたようです。

あらゆる現象に神を観なさい。
あらゆるものの中にいる神を愛しなさい。
あらゆるものの中にいる神に奉仕しなさい。

これはグルデーヴのもっとも好きな言葉であり、たびたび引用もされていましたが、グルデーヴにとっては、これらは単なる考えや言葉ではなく、生きた真実だったのです。わたしはそのことを、グルデーヴの幼なじみだったという人から聞いたことがありました。

彼は若いころ、グルデーヴがマレーシアにおられた当時、コックとして仕えていた人でした。

後に、グルデーヴが出家して俗世間から姿を消してしまったとき、彼はグルデーヴを探してインド中を歩き回ろうと思ったそうです。

これがグルデーヴというすばらしい人が持っていた愛であり、磁石のように人を引きつける魅力でした。

その彼が、グルデーヴとここ（アーシュラム）で再会してから、再びコックとして滞在するようになり、やがてはスヴァーミーになったのです。

ここでわたしたちが気づかなくてはいけないのは、このコックにグルデーヴへの愛情を持ち続けさせることになったのは、グルデーヴがスヴァーミーになったときでも、悟りに達したときでもなく、まだマレーシアで医師として働いていたときだったということです。


十年ほど前、わたしはマレーシアに行き、グルデーヴが若いころに過ごされたという場所を熱心に訪ね歩いたことがありました。そして、五十年以上も前にグルデーヴが医師として働いていた場所を訪れ、医師としてのグルデーヴをいまだに覚えているという老人に会うことができました。

当時は、その老人も若かったに違いありません。きっと、まだ十代だったのではないでしょうか。彼は言いました。

「はい。今でも覚えていますよ。あの方はなにか特別な人でしたから」

グルデーヴの持っていた、特別なものとは何だったのでしょうか。

さらに老人は言いました。

「それぞれの患者は、ひとりの人間として、大切に扱われました」

その老人によれば、患者のことを番号として扱ったり、症状――たとえば肺、心臓、鼻というように――だけで扱うような他の医師たちとは違って、グルデーヴはひとりの人間として扱ってくれたということでした。

グルデーヴにとってはすべての人が大切であり、事実、患者の一人ひとりを礼拝していたということです。グルデーヴの神への礼拝は患者への奉仕という形をとっていたのです。

ごく普通の薬が使われていた時代で、それに従わない医師はやぶ医者だと考えられていましたが、グルデーヴは重い病気の患者などにはよく、薬と一緒にトゥラスィーの葉を与えていました。

グルデーヴはマレーシアでもよくプージャーを行なっていましたが、重い病気の患者にはトゥラスィーの葉を渡し、こう言っていました。

「わたしはただの医者にすぎません。あなたをほんとうに救ってくださるのは神さまなのです。わたしはあなたのために一所懸命お祈りをしました。これはプラサード(供物)です」と。

グルデーヴが住んでいた当時の家の中庭には、トゥラスィーの樹がたくさん植えられていました。

患者を神のように扱い、薬を与え、プラサードを与え、愛を与え、彼らのために祈るよう、この若い医師の心を動かした愛とはいったい、なんだったのでしょうか。

先ほどのコックをしていたというスヴァーミーがわたしたちに語ってくれたところによると、グルデーヴは当時、患者の病いが重いときなどは自分の家に寝泊まりさせていたということです。とくに遠くから通ってくるような患者の場合にはそうしていたようです。そんなとき、コックであった彼は、そういう患者にもグルデーヴ同様に奉仕したということです。

病気がよくなっても、グルデーヴは患者がお金に困っていれば治療代は請求しませんでした。そればかりか、自分のポケットマネーを上げることさえしていました。

おもしろいのは、医師グルデーヴはそのときにはまだ別にサンニャーシン*になろうとは考えておらず、ごく一般的な医師だったということです。近ごろの医師はお金に興味があるようですが、当時、グルデーヴが興味を持っていなかった唯一のものがお金でした。

患者には貧しい人たちばかりでなくお金持ちもいましたので、自然とお金は豊かに入ってきました。しかし、お金はすぐにその手から擦り抜けていってしまったようです。


小さいときのグルデーヴはたいへんないたずら好きでしたが、愛情あふれる優しい子でもありました。ずっと後になって、学校の仲間や友だちなど、昔の仲間がここ（アーシュラム）にやって来ました。半世紀たっても大勢の人たちの記憶に残っている、この少年からあふれていた愛情とはいったい、なんなのでしょうか。友だちばかりではありません。学校時代の先生や郵便局長も、後になってここ（アーシュラム）に滞在しています。

グルデーヴがパッタマダイ（南インドにあるグルデーヴの生まれ故郷）に帰ったとき、すでにこの地を離れて半世紀もたっているのに、大勢の人たちに讃美され、たいへんな歓迎を受けました。わたしたちは、〝預言者は自分の生まれ故郷では尊敬されない〟という諺が間違っているということを目の当たりにしました。

グルデーヴは生まれ故郷でたいへん尊敬されましたし、今日でも尊敬されています。パッタマダイ駅のプラットホームに立ったとき、彼は言いました。

「わたしはここで生まれました。いつまでもここの村人のひとりです」と。

村でグルデーヴが古い親戚や知人に会ったとき、そこにあるのは純粋な信愛であり愛情でした。そこには「わたしは聖者であり、お前たちはただの俗人だ」などという尊大な態度はいっさい見られませんでした。わたしたちも、グルデーヴがそのような尊大な態度をとられる姿をただの一度も見たことはありません。

グルデーヴはまた、弟子を自分より下のものとして扱ったことは決してありませんでした。わたしたち弟子が挨拶をする前に、グルデーヴのほうからいつも手を握ってこう言われていました。

「聖者さん！　ご機嫌いかがですか！」

その言葉には愛情があふれていました。決して単なる言葉や挨拶ではありません。単なる挨拶ならばわたしたちにだってできるかもしれませんが、グルデーヴのお言葉は、なんともいえない味わいのあるものでした。

グルデーヴの愛と思いやり

かつて、グルデーヴが腸チフスに罹ったことがありました。病気になって十五、六日がたち、容態がもっとも悪化していたとき、スヴァーミー・クリシュナーナンダジーがいつものように、その日のスケジュールを相談しにやって来ました。

クリシュナーナンダジーが部屋に入るやいなや、グルデーヴは言われました。

「オーム　聖者クリシュナーナンダさん。お元気ですか。身体の調子はいかがですか」

グルから訊ねられたことには必ず答えを返さなくてはなりません。クリシュナーナンダジーは答えました。

「はい、スヴァーミージー。おかげさまで元気です」

グルデーヴは重い病いで寝込んでいましたし、付き人もたまたまどこかに行っていて、部屋の中にはだれもいませんでした。それなのに五分もの間、グルデーヴはクリシュナーナンダジーの健康についていろいろとお訊ねになったということです。このような行為の中にこそ、本当の誠実さや優しさ、そして真実があるのではないでしょうか。

これもやはり同じ病気に罹っているときのことでした。グルデーヴは、ある年老いたパールシー（拝火教徒）

の婦人が、ガンジス河の河原にじっと坐っているのを見ました。

グルデーヴはわたしに言いました。

「彼女のところに行って、なぜそこにずっと坐っているのかを聞いてきなさい。そして、昼食を用意しているかどうか訊ねて、もし何も持っていないならば差し上げなさい」と。

わたしだったら、このときのグルデーヴのように瀕死の状態においてもなお他人を心配することができるかどうか、まったく自信がありません。自分がそんな状態なのに、河原に坐っている老女を心配してあげられる愛とはいったい、なんなのでしょうか。

グルデーヴは、自分の身体がこのような極限状態にあってもなお、他人の幸福や快適さを考えてあげることができたのです。

これがグルデーヴの愛だったのです。そして、ここシヴァーナンダ・アーシュラムが成り立っているのも、この愛によってなのです。

このシヴァーナンダ・アーシュラムの命運をずっと担ってきたチダーナンダジー*やクリシュナーナンダジー、マドヴァーナンダジー*のような偉大な聖者たちによって放たれているのは、この愛なのです。

グルデーヴの愛と同じ愛が、彼ら聖者たちからもあふれ出ているのです。わたしたちが護られ、導かれているのは、これと同じ愛によってなのです。

グルデーヴの行為や言葉、考えの中には、心や精神や魂だけではなく、その人格のすべてがありました。グルデーヴは全身全霊の人だったのです。存在のすべて、人格のすべてが、いつでも神と一つに調和されていました。ですから、グルデーヴがなにか厳しい表情をされるときは、いつでもわたしたちのためにされていたのです。グルデーヴが弟子に忠告するのは、その弟子にとって重要なことだからなのです。

あなたが離れれば離れるほど、グルデーヴは愛を注いできてくださいます。そして、あなたが少しでも近づいていけば、グルデーヴご自身のやり方で磨き輝かせてくださいました。本当にごく稀にしかなかったとはいえ、グルデーヴが叱ったり忠告したりするときでさえ、わたしたちはグルデーヴの中に普通では見られない愛情を見ることができました。グルデーヴは愛情に満ちあふれています。とりわけ、わたしたちの健康に大きな関心を持ってくださっていました。

与え続けたグルデーヴ

グルデーヴがもっとも歓んで行なわれたのは、プラサードを分け与えることでした。一九四七年、グルデーヴの六十歳の誕生記念祝賀会が行なわれました。アーシュラムにはラドゥ（グルデーヴの大好きなお菓子）が山と積まれていました。

誕生日前後に集まって来た三、四千人の人たちにラドゥが振る舞われました。郵便局の下にある部屋には、ラドゥがそれでもまだ天井まで積み上げられていました。それから数日間、グルデーヴは至福に満ち、天国にいるかのようでした。ここに来た人たちはだれでもラドゥを持ちきれないほどいただきました。このように、食べものやフルーツ、プラサードなど、人に何かを分け与えることが、グルデーヴの何よりの歓びだったのです。

「アーシュラムは狭くなったね。食べものをもらう人たちの列がやがて、アーシュラムからラクシュマン・ジュ*ーラーまでずっと続くときがくるだろうよ」

同じ日に、グルデーヴはこうも言われました。

「お金の問題がやっと一つ片づいたと思ったら、また別のお金の問題がやってくるね」

当時、アーシュラムは六ヵ月ごとに財政危機を迎え、わたしたちは破産寸前で、借金を返すこともできず、食べるものさえありませんでした。

グルデーヴはさらに言われました。

「お金は入ってくるよ。お前が一日かかっても数え切れないほどのたくさんのお金が入ってくるよ」と。

グルデーヴが言われたことは、どんなことでも現実になりました。

なぜでしょうか？　グルデーヴは何も望まなかったからです。何も求めなかったからです。

アーシュラムが大きくなった後も、グルデーヴはガンジス河近くの小さな小屋に住み続けました。そこは不健康なところで、ジメジメしていて寒く暗く、決して快適なところとはいえません。

しかし、グルデーヴはそこがたいへん気に入っていて、よそに移る気などまったくありませんでした。それにもかかわらず、一方では、わたしたちが快適に暮らしているかどうか、とても心配してくださっていました。

わたしたちの身体や健康に関するグルデーヴの配慮には特別なものがありました。もちろん、それがすべてではありません。わたしたちが精神的成長をするようにとアーシュラムは創られたのです。

グルデーヴはプラサードを配るときだけではなく、精神的な本やご自分の本を配ることにも歓びを持っていました。グルデーヴの本は世界中の何百人もの人たちに無料で送られましたが、小包の送料もすべてアーシュラムで支払っていました。

グルデーヴはこうして送られる本の一冊一冊にご自身で手を触れられ、祝福されました。グルデーヴはよく言われていました。

「こうして何千マイルも離れている受取人に手渡しているんだよ」と。

グルデーヴという方は、与えて、与えて、与えて、与え続けられた人でした。それは、虚栄心からでも、見返りを期待していたからでもなく、ただただ、純粋で聖なる愛の行為からのみ続けられたものです。グルデーヴの愛は、まさしく奉仕そのものでした。食べものを与え、知識を授け、そして、あらゆる状況において自分自身を与えられました。

わたくしが今までずっと語ってきたことが、神聖なる存在であるグルデーヴの輝ける特性なのです。そして今日、わたしたちはその方の足元で愛につつまれているのです。

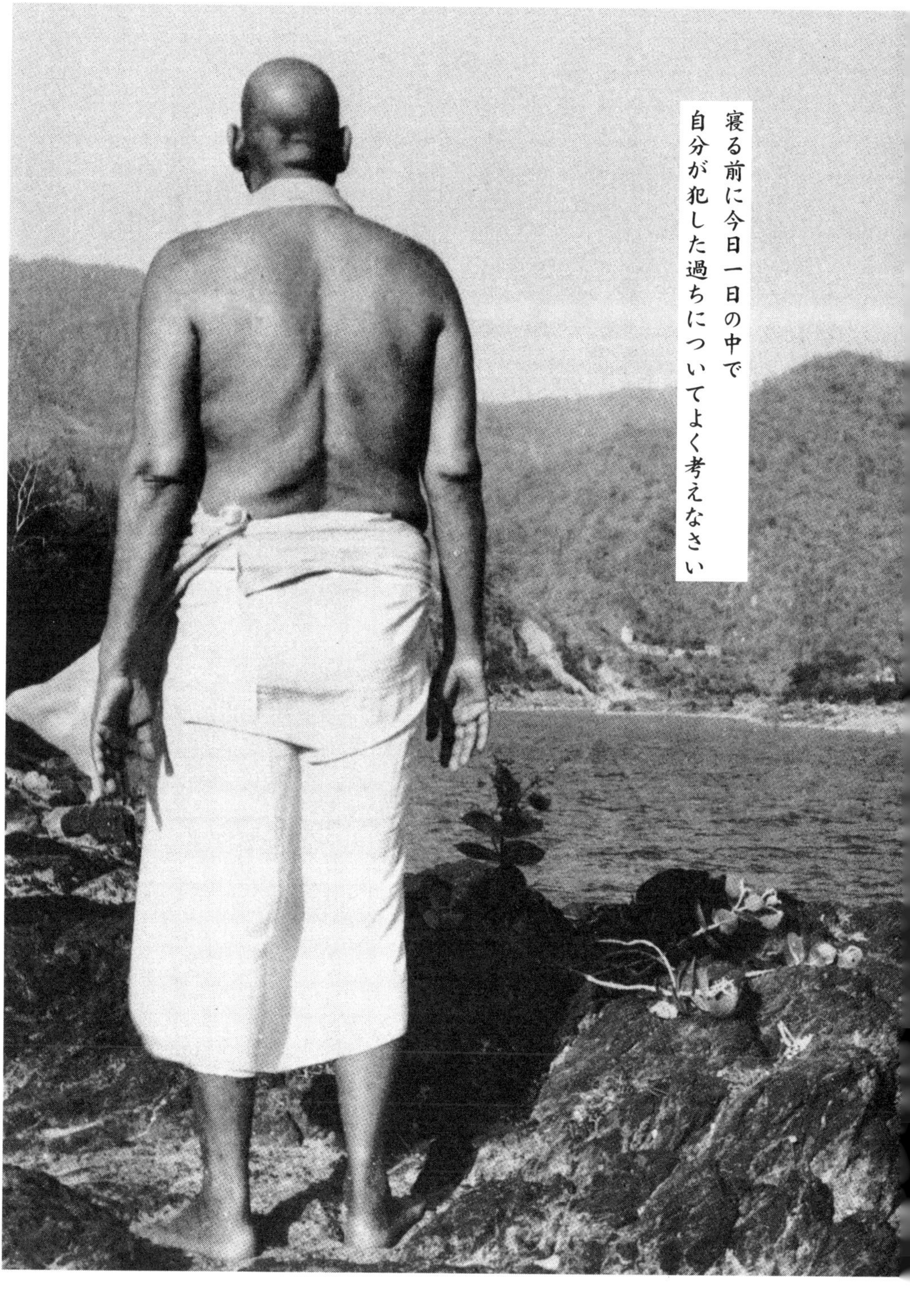
寝る前に今日一日の中で
自分が犯した過ちについてよく考えなさい

訳者あとがき

一九九九年十一月末から十二月にかけての二週間、短かい期間でしたが、わたくしは久しぶりにリシケーシのシヴァーナンダ・アーシュラムに滞在しました。

今回のアーシュラム訪問の目的は、一九九六年にすでにゼネラル・セクレタリーのスヴァーミー・クリシュナーナンダから本書翻訳の許可はいただいておりましたが、出版に関する条件を最終的に確認するためでした。

それに、やはりもう一度アーシュラムに滞在してその雰囲気を直接肌で感じ、できれば古くからおられるお弟子さんにお会いしてグルデーヴ・シヴァーナンダのお話を伺いたいと思ったからです。

お話を伺ったお弟子さんのうちの何人かは、どうしてグルデーヴの弟子になられたのかというわたくしの質問に、「お会いした瞬間にグルデーヴにつかまえられた」と、異口同音に答えてくださいました。何か大きな存在に突然つかまえられたという感じだったといいます。中には、たまたまヒマーラヤ巡礼の途中にアーシュラムに寄っただけなのに、「つかまってしまいました」と語ってくださった方もいました。師弟の関係をもつということは、そのようなものなのかもしれません。

スヴァーミー・ヴェーンカテーシャーナンダの講演録『シヴァーナンダ・ヨーガ』は、わたくしの月一回の勉強会で少しずつ訳してはテキストにしていたものですが、不思議とそのときに自分が抱えていた問題や悩みに関連する内容であることが多く、訳していて何回も勇気づけられることがありました。これもグルデーヴ・シヴァーナンダの恩寵ではないかと、わたくし自身勝手に思っています。

本書によって、多くの人にグルデーヴ・スヴァーミー・シヴァーナンダの恩寵が授かることをお祈りいたします。

アーシュラムにおけるスヴァーミージーとの交渉では、インド在住の木村信子氏にたいへんお世話になりました。あらためてお礼を申し上げます。

校正には、長い間一緒にヨーガを学んできた下田順子氏にご協力いただきました。出版にあたっては、前著『インドの叡智』同様、善本社の山本三四男社長のご尽力をいただきました。心から謝意を表します。

二〇〇一年四月

成瀬貴良

15. 必要なものを減らしなさい。シャツを4枚持っていたら，2～3枚に減らしなさい。幸福で満ち足りた生活に導いてくれます。不必要な心配はしないようにしなさい。質素な生活をし，高度な考えを持ちなさい。

16. だれに対しても，決して害を加えてはなりません（ahiṃsā）。怒りを，愛によって，寛容さによって，同情によってコントロールしなさい。

17. 召使いに頼ってはいけません。独立独行はすべての美徳の中でももっとも美しいものです。

18. 犯したあやまちを，寝床につく前に，その日のうちに思い起こしなさい。毎日，日記をつけ，自分で反省しなさい。過ぎてしまったあやまちのことで，翌日もくよくよと思い悩んではいけません。

19. 死が待っているということを，いつも忘れないようにしなさい。義務を怠らないようにしなさい。純粋な行為をしなさい。

20. 朝，起きたらすぐに，そして寝るまで，神のことをずっと想っていなさい。そして自身を完全に神にゆだねなさい。

以上のことはすべて，精神的な行のエッセンスともいうべきものです。あなたを解脱（mokṣa）に導いてくれるでしょう。これらすべての精神的規範（niyama）は厳格に守られなければなりません。おのれに対して寛大になってはなりません。

スヴァーミー・シヴァーナンダ・サラスヴァティー

5. 瞑想に適した場所に，カギのかかる瞑想のための部屋を持ちなさい。

6. 資力や財産に応じて，1ルピーにつき6パイサの割で，毎月，規則正しく寄付をしなさい。

7. スヴァーディヤーヤ：系統的に毎日30分から1時間，ギーター，ラーマーヤナ，ウパニシャッド，ヨーガ・スートラ，バイブル，コーランなどの聖典や経典を勉強しなさい。

8. 注意深くヴィーリャ（vīrya, 活力）を維持しなさい。ヴィーリャは活動や示現の神（vibhūti）です。ヴィーリャは力です。ヴィーリャはすべての富みです。ヴィーリャは生活，思想，知識のエッセンスです。

9. 心からいくつかのお祈りを覚えなさい。そして，坐ったらすぐに，ジャパや瞑想を行なう前にお祈りを繰り返しなさい。そうすることによって，心は速やかに向上します。

10. サット・サンガをしなさい。悪い交際，喫煙，肉食，飲酒は永久にやめなさい。悪い習慣を増長させないようにしなさい。

11. エーカダスィーの日には，断食するか，ミルクかフルーツだけを摂りなさい。

12. ジャパ・マーラー（japa-mālā, 数珠）は，いつも首にかけるか，ポケットの中に入れておきなさい。寝るときには枕の下に置いて寝なさい。

13. 毎日2～3時間，マウナ（mauna, 沈黙の行）を実行しなさい。

14. どんな犠牲を払ってでも真実を話しなさい。多くを語らず，最小限にしなさい。やさしく話しなさい。

20の大切な心の教訓

1．毎朝4時に起きなさい。この時間帯はブラフマ・ムフールタ（brahma-muhūrta）と呼ばれ，神を瞑想するのに適したたいへんすばらしい時間です。

2．アーサナ：顔を東か北に向けて，パドマ・アーサナかスカ・アーサナでジャパや瞑想を30分行ないなさい。そして徐々に時間を増していって3時間行なうようにしなさい。禁欲（brahmacarya）と健康を維持するためにシールシャ・アーサナやサルヴァーガ・アーサナを行ないなさい。散歩などの軽い運動を規則的に行ないなさい。プラーナーヤーマを行ないなさい。

3．ジャパ：オーム，オーム・ナモー・ナーラーヤナーヤ，オーム・ナマシヴァーヤ，オーム・ナモー・バガヴァティー・ヴァースデーヴァーヤ，オーム・シャラヴァナバヴァーヤ，シーター・ラーマ，ハリ・オーム，ガーヤトリーなどのマントラを，好みによって108回から21600回，毎日繰り返し唱えなさい。

4．食事：サットヴィックな食事をしなさい。チリ，タマリンド，にんにく，たまねぎ，酸っぱいもの，油，マスタード，阿魏《あぎ》（ういきょうの類）の樹脂などは摂らないようにしなさい。適度な食事をしなさい（mitāhara）。胃に負担をかけないようにしなさい。1年のうち2週間，食べたいと思うものを摂らないようにしなさい。質素なものを食べなさい。ミルクやフルーツは集中力を高めます。生命を維持するための薬のつもりで食事を摂りなさい。悦びのために食事を摂るのは罪です。塩と砂糖を1ヵ月摂らないようにしなさい。チャツネを用いない米，ダール（豆），パンでじゅうぶん生きていけます。ダールに入れる塩，チャーイ，コーヒー，ミルクに入れる砂糖は最小限にしなさい。

祭文。祈り。誓願。インドでは太古より儀式の際にマントラを唱えた。

ヤ

ヤマ　yama　禁戒。『ヨーガ・スートラ』のアシュターンガ・ヨーガの最初の学習。五つの戒（非暴力・真実・禁欲・不盗・不貪）から成る。

ヨーガ・ヴェーダーンタ・フォレスト・アカデミー　Yoga Vedanta Forest Academy　1948年7月1日に設立。

『ヨーガ・スートラ』　*Yoga-sūtra*　インド正統六派哲学の一つ，ヨーガ学派の教典。

ヨーギー　yogī　ヨーガ行者。

ラ

ラージニーシ　Rājnīsh (1831～1990)　シュリー・バガヴァン・ラージニーシ。西インドのプーナに道場があったが，後にアメリカに渡り，再びインドに戻った。著書多数あり。

ラージャ・ヨーガ　rāja-yoga　心統一により三昧に到ることを説くヨーガ。

『ラーマーヤナ』　*Rāmāyana*　インドの二大叙事詩の一つ。「ラーマ王子の行状記」の意味。ラーマはヴィシュヌ神の七番目の化身とされる。悪魔ラーヴァナによってランカー島に幽閉されたラーマの妻シーターを取り返すために，ラーマやその忠実な弟ラクシュマナ，猿のハヌマーンなどが活躍する。

ラーマクリシュナ　Rāmakṛṣṇa (1834～1886)　ベンガル州出身の聖者。カーリー女神を信仰することにより，ヴェーダーンタの一元論に到達した。

ラーマクリシュナ・ミッション　Rāmakṛṣṇa Mission　ラーマクリシュナの弟子ヴィヴェーカーナンダが設立した。カルカッタ郊外の本部を中心に，世界中に支部がある。

ラーマナ・マハーリシ　Rāmaṇa Mahārṣi (1879～1950)　南インド出身のジニャーナ・ヨーギー。南インドの聖地アルナーチャラで終生を過ごした。

ラクシュマン・ジューラー　Rakṣman-jhūlā　シヴァーナンダ・アーシュラムよりガンジス河を数キロ上流にさかのぼったところにある吊り橋。

ラジャスィック　rajasic　ラジャス的。ラジャスとは，三つのグナ（サットヴァ，ラジャス，タマス）の一つ。活動・興奮・落ち着きのなさなどの性質。

リシケーシ　Ṛṣikeś　ガンジス河上流にある，北インドの代表的な聖地。河畔には，シヴァーナンダ・アーシュラム，ヨーガ・ニケータンなど，多くのヨーガ・アーシュラムや寺院がある。

ローティ　loti　北インドの主食の一つで，粉を練って焼いたもの。チャパティ。

聖地。リシケーシの近くにある。シヴァ派の人たちはハルドヴァール(Hardvār) ともいう。

プージャー　pūjā 「供養,供儀,礼拝」。神やグルなど神聖なものの前にローソクなどの火を灯し，供物を捧げ，マントラを唱える。インド社会の中では，個人で行なう簡単なものから，大がかりなプージャーまで頻繁に行なわれる。

プラーナーヤーマ　prāṇāyāma 調気法。呼吸法。呼吸を通してプラーナを身体に採り入れる方法。『ヨーガ・スートラ』のアシュターンガ・ヨーガの一つであり，ハタ・ヨーガの重要な実習。

プラサード　prasād 供物。儀式や礼拝の間，供物として捧げられていた果物や菓子を，儀式が終わった後に参加者に配る習慣がある。

プラティアーハーラ　pratyāhāra 制感。感覚器官のコントロール。『ヨーガ・スートラ』のアシュターンガ・ヨーガの一つ。

ブラフマチャリヤ　brahmacarya 修行僧。梵行期。学生期。ヴェーダを学ぶ時期。『ヨーガ・スートラ』におけるヤマの項目の一つ。

ブラフマン　brahman 梵，大宇宙，大いなるもの。万物の背後にある最高原理。ヴェーダーンタ哲学（一元論）では，このブラフマンと真実の自己（アートマン）とは同一であると直感することを説く。

マ

マーヤー　māyā 「幻影，幻」。ヴェーダーンタ哲学では，この世の現象は実体のない幻影であると説く。

マーラー　mālā 数珠。マントラを唱えるときなどに使う。シヴァ派はルドラークシャ・マーラー，ヴィシュヌ派はトゥラスィー・マーラーなど，宗派によって材質が異なる。

マドヴァーナンダ　Madhvānanda スヴァーミー・シヴァーナンダの高弟の一人。シヴァーナンダ・アーシュラムの現副総長。

マハー・マントラ　mahā-mantra 「偉大なるマントラ」の意味。シヴァーナンダ・アーシュラムのバジャン・ホールで，1943年12月3日より今日までずっと唱え続けられているマントラ。

マハー・ムリティヤンジャヤ・マントラ　Mahā-mṛtyamjaya-mantra 「死に打ち克つ偉大なマントラ」の意味で，シヴァ神のマントラ。

マハートマ　mahātma 「偉大な魂」の意味。聖者など，立派な人に捧げられる尊称。

『マハーバーラタ』　*Mahābhārata* 『ラーマーヤナ』と並ぶ，インドの二大叙事詩の一つ。古代インドで実際にあったといわれるバラタ族内の王位継承にからむ親族間の争い。この『マハーバーラタ』中の一部が『バガヴァッド・ギーター』で，戦いを前に意気消沈する英雄のひとりアルジュナにクリシュナ神がヨーガを教える。

マントラ　mantra 真言。呪文。聖句。

ブラフマンの智に導く神。シヴァ神の別名。

タット・トゥヴァン・アスィ　tat tvaṃ asi「汝はそれである」という意味のウパニシャッドの中の聖句・マントラ。

タマスィック　tamasic　タマス的。タマスとは，三つのグナ（サットヴァ，ラジャス，タマス）の一つ。重い・暗い・覆い隠すなどの性質。

ダヤーナンダ　Dayānanda Sarasvatī（1824〜1883）19世紀のインド精神復興時にアーリア・サマージを創り「ヴェーダへの復帰」をスローガンに活躍した。

ダルシャン　darśan　グルや聖者が弟子や信者に会うこと。師弟関係を結ぶときの儀式の一つで，グルが弟子の眼を見つめること。

チダーナンダ　Cidānada　スヴァーミー・シヴァーナンダの高弟の一人。シヴァーナンダ・アーシュラムの現総長。

ディヴァイン・ライフ・ソサエティ　Divine Life Society　1939年4月16日に設立。シヴァーナンダ・アーシュラムの正式名称。

ディヤーナ　dhyāna　瞑想。静慮。禅。

ナ

ニヤマ　niyama　勧戒。『ヨーガ・スートラ』におけるアシュターンガ・ヨーガの一つで，五つの戒（清浄・満足・苦行・読誦・自在神祈念）から成っている。

ニルヴィカルパ・サマーディ　nirvikalpa-samādhi「区別のない三昧」の意味。最高の三昧。無分別三昧。

ハ

『バガヴァッド・ギーター』 ***Bhagavad-gītā***　ヒンドゥー教の聖典。クリシュナ神によって，ジニャーナ・ヨーガ，バクティ・ヨーガ，カルマ・ヨーガが説かれている。

バガヴァン　bhagavan　尊者。聖者。神聖な。

バクティ　bhakti　信愛。献身。崇拝。

バクティ・ヨーガ　bhakti-yoga『バガヴァッド・ギーター』の中で説かれたヨーガで，神に信愛をよせることによって解脱することを説く。

バジャン・ホール　Bhajan-hall　バジャンとは「尊敬，崇拝」の意味。シヴァーナンダ・アーシュラムにある施設の一つで，さまざまな儀式やヨーガの講義，サット・サンガやキールタンが行なわれる。

ハタ・ヨーガ　haṭha-yoga　タントラ系のヨーガ。身体や呼吸を使うことにより，潜在的なエネルギーを目覚めさせることを説くヨーガ。

パタンジャリ　Patañjali『ヨーガ・スートラ』の編纂者といわれる。

パドマ・アーサナ　padma-āsana　蓮の花のポーズ。蓮華坐。結跏趺坐。

パラマーナンダ　Paramānanda　スヴァーミー・シヴァーナンダの初期の高弟。

ハリドヴァール　Haridvār　ガンジス河上流にある北インドの代表的な

（サットヴァ，ラジャス，タマス）の一つ。軽快・明るい・純粋などの性質。

サティヤ　satya　真実。正直。『ヨーガ・スートラ』におけるヤマの項目の一つ。

サマーディ　samādhi　三昧。瞑想の深まった境地であるが，その深さによりいくつかに分けられる。

サラスヴァティー　Sarasvatī　弁財天。ブラフマー神の妃。弁舌・技芸・幸運・河川の女神。

サンキールタン　saṃkīrtan　キールタンに同じ。

サンニャーサ・ディークシャー　samnyāsa-dīkṣā　グルが弟子に出家名を与えること。

サンニャーシン　saṃnyāsin　放棄した人。修行者。隠遁者。仕事・地位・財産・家族など世俗的なことを捨てて精神世界に生きる人。

ジーヴァン・ムクタ　jīvaṃ-mukta　生前解脱。生きながらに解脱した人。

シヴァ・リンガ　Śiva-liṅgha　リンガとは「男性性器」。シヴァ神はリンガの形で祀られることが多い。

ジニャーナ　jñāna　智。知識。

ジニャーナ・ヨーガ　jñāna-yoga　智慧，哲学のヨーガ。「直感的な智」によって解脱することを説くヨーガ。

シャクティ・パト　śakti-path　グルが自分の持っているエネルギーや才能や恩寵を弟子に対して授けること。シャクティとは「エネルギー，性力」，パトとは「注ぐ，注ぎ入れる」。

ジャパ　japa　「繰り返し」の意味。実際にはマントラを何回も繰り返し唱えること。ジャパには，心の中で・つぶやくように・声に出しての三つの唱え方がある。

ジャヤ・ガネーシャ・キールタン　Jaya-Ganeśa-kīrtan　シヴァーナンダ・アーシュラムで最初に歌うキールタン。ガネーシャ神の災難を除けるという性格から，数多くあるヒンドゥーの神々の中でもまず最初に礼拝される。

スヴァーディヤーヤ　svādhyāya　「自習，自ら行なう学問」の意味。実際には，聖典や教典を読んだり，マントラを唱えること。『ヨーガ・スートラ』における，ニヤマの中の一項目。

スヴァーミージー　svāmījī　「スヴァーミー様」の意味。ジーとは「様」などの敬称で，名前の後につける。本書ではスヴァーミー・シヴァーナンダを指していることが多い。

スヴァルガ・アーシュラム　Svarga-āśram　スヴァルガとは「天国」の意味。古くからリシケーシにある大きなアーシュラム。シヴァーナンダがリシケーシで最初に住だアーシュラム。

スブラフマニャ　Subrahmaṇya　軍神スカンダ，カールティケーヤの別名。ムルガン，クラーラ，マハーセーナなどとも呼ばれた。

タ

ダクシナムールティ　Dakṣnamūrti　「南の像」の意味。学問・音楽の師。

紀元前8世紀頃から数百年にわたって作られていった哲学の叢書。

オーロビンド・アーシュラム　Aurobind-āśram　南インド・ポンディチェリーにあるオーロビンド・ゴーシュが設立したアーシュラム。

カ

カイヴァリヤダーマ　Kaivalyadhāma　西インド・ローナワラにあるヨーガ研究施設。スヴァーミー・クヴァラヤーナンダにより設立された。マハラシュトラ州政府より公認されているヨーガの学校。付属病院もある。

カルマ・ヨーガ　karma-yoga　無私のヨーガ。行為の中にエゴをはさまないことを説くヨーガ。また，行為の結果や報酬を求めないことにより解脱することを説く。

キールタン　kīrtan　讃美歌。神やグルの名前を歌うこと。通常，楽器などを使い音楽的である。信者たちが一同に行進することもある。サンキールタンともいう。

クティール　kutīr　小屋。小さな部屋。あずま屋。アーシュラムの宿舎。

クリシュナーナンダ　Kṛṣṇānanda　スヴァーミー・シヴァーナンダの高弟の一人。シヴァーナンダ・アーシュラムのゼネラル・セクレタリー。哲学者。

グル・ナーナク　Guru-Nānak (1469～1539)　シク教の開祖。シクとは「弟子」の意味。

グルデーヴ　Gurudev　「神としてのグル，神のようなグル」の意味。本書では，スヴァーミー・シヴァーナンダのこと。

クンダリニー　kuṇḍalinī　ヘビ。人間が持っている潜在的なエネルギー。会陰部のあたりに眠っているといわれる。

クンダリニー・ヨーガ　kuṇḍalinī-yoga　クンダリニーの覚醒を目指すヨーガ。

クンブ・メーラ　Kuṃbh-mela　クンブは「壷」，メーラは「人の集まり」の意味。ヒンドゥー教の大祭の一つ。ハリドヴァール，ウッジャイン，ナースィク，アラハバードの四聖地で順番に行なわれ，開催地には数十万の聖者や信者が集まる。

サ

サーダナ　sādhana　修行。

サードゥ　sādhu　修行者。遊行者。

サヴィカルパ・サマーディ savikalpa-samādhi　「区別のある三昧」の意味。まだ分別が残っている三昧。

サッチダーナンダ　Sacchidānanda　スヴァーミー・シヴァーナンダの高弟の一人。スリランカやアメリカに布教に出た。現在，アメリカに在住。

サット・サンガ　sat-saṅgha　精神世界を歩む人たちの集い。アーシュラムの中でも最も重要な行事であり，スヴァーミー・シヴァーナンダが最も大切にしていたもの。アーシュラムに滞在する者が一同に集まってグルの話を聴いたり，聖典を学んだり，マントラやキールタンを歌う。

サットヴィック　sattvic　サットヴァ的。サットヴァとは，三つのグナ

用 語 解 説

ア

アーサナ　āsana　本来は「坐，坐法」の意味であるが，さまざまなポーズを指す。『ヨーガ・スートラ』のアシュターンガ・ヨーガの一つであり，ハタ・ヨーガの重要な実習。

アーシュラム　āśram　ヨーガを学ぶための道場・僧院。宿舎や寺院や修行のためのホールなどから成る。

アーチャーリヤ　ācārya　ヴェーダなどの学問を教える師。教師。阿闍梨（あじゃり）。

アートマン　ātman　真実の自己。プルシャとも呼ばれる。ヴェーダーンタ哲学におけるブラフマン（梵，大宇宙）に対する概念で，「個人我，小宇宙」と訳される。

アーナンダ　ānanda　歓喜。心の底からの歓び。

アーナンダ・クティール　Ānanda-kutīr　シヴァーナンダ・アーシュラムの施設の一つ。クティールとは「小屋，部屋」のこと。

アーラティ　ārati　献火の儀式。ロウソクの灯などをきれいに飾って神前に捧げる。

アーンジャネーヤ　Āñjaneya　ハヌマーンの別名。

アヴァドゥータ　avadhūta　すべてのものを放棄した隠遁者。聖者の称号の一つ。

アウト・カースト　out-cāste　ヒンドゥー・カースト（四つのカースト＝ブラーフマナ，クシャトリヤ，ヴァイシャ，シュードラ）の下に置かれる階級。「指定カースト」「ハリジャン」とも呼ばれる。

アハン・ブラフマ・アスミ　ahaṃ brahma asmi　「我はブラフマンである」という意味のウパニシャッドの聖句でありマントラ。

アビャーサ　abhyāsa　修習。ある行為を繰り返し行なって身につけること。

アヒンサー　ahiṃsā　非暴力。不傷害。不殺生。『ヨーガ・スートラ』におけるヤマの一項目。

アムリタ　amṛta　甘露。不老不死になる液体。

アムリトサル　Amṛtsar　北インドにあるシク教の聖地。

ヴァシシュタ　Vaṣiṣṭha　『ヴァシシュタ・サンヒター』を書いた聖仙の名前。

ヴィヴェーカーナンダ　Vivekānanda　(1863～1902)　ラーマクリシュナの弟子。1893年の世界宗教会議で脚光を浴び，アメリカ・ヨーロッパで講演をする。「ラーマクリシュナ・ミッション」を創る。

ヴェーダーンタ　Vedānta　六派哲学の一つ。この学派はウパニシャッドの「梵我一如」の一元論の思想を説く、インド最大の哲学派。

ウパニシャッド　*Upaniṣad*　奥義書。

著者紹介

ヨーガ・サンガテイ　主宰
東京生まれ。

東洋大学インド哲学科卒。

1977年から半年間，インド各地にあるヨーガ道場に滞在。その後度々，インドに行き道場に滞在。

田原豊道氏・藤田鳳子氏・西山登志正氏らに師事。

元産経学園・NHK文化センター・池袋コミュニティカレッジ・よみうり文化センター講師。

現在，目白・池袋・八雲・岡谷・郡山などで「ヨーガの歴史と思想」を講義中。

著書に『いまに生きるインドの叡智』（善本社・1999年刊）がある。

ブログ「ヨーガとインドに関するブログ」

http://svargayoga.exblog.jp
ヨーガ・ライフ・ソサエティ
info@yogalifesoc.org

シヴァーナンダ・ヨーガ

平成十三年八月二十日　初版印刷
平成十三年九月八日　初版発行
令和元年五月一日　第四版

著者　成《なる》瀬《せ》貴《き》良《よし》
発行者　手塚容子
印刷所　善本社製作部

〒101-0051　東京都千代田区神田神保町二―十四―一〇三
発行所　株式会社　善本社
TEL　〇三（五二一三）四八三七
FAX　〇三（五二一三）四八三八

ISBN978-4-7939-0410-6　C0014